LÉONORA MIANO

O OPOSTO DA BRANQUITUDE

reflexões sobre o problema branco

TRADUÇÃO
Carolina Selvatici

PALLAS

EDITORAS
Cristina Fernandes Warth
Mariana Warth

COORDENAÇÃO EDITORIAL E CAPA
Daniel Viana

ASSISTENTE EDITORIAL E PREPARAÇÃO DE TEXTO
Joelma Santos

TRADUÇÃO
Carolina Selvatici

REVISÃO DE TRADUÇÃO
Andréia Manfrin Alves

REVISÃO
BR75 | Aline Canejo; Renata Panovich

Este livro segue as novas regras do Acordo Ortográfico da Língua Portuguesa.

DADOS INTERNACIONAIS DE CATALOGAÇÃO NA PUBLICAÇÃO (CIP)
(CÂMARA BRASILEIRA DO LIVRO, SP, BRASIL)

Miano, Léonora
O oposto da branquitude : reflexões sobre o problema branco / Léonora Miano ; [tradução Carolina Selvatici]. -- Rio de Janeiro, RJ : Pallas Editora, 2025.

Título original: L'opposé de la blancheur : réflexions sur le probléme blanc
ISBN 978-65-5602-182-9

1. Civilização 2. Consciência de raça - História 3. Imperialismo - História 4. Pessoas brancas - Identidade racial - História 5. Racismo - História 6. Racismo - Aspectos sociais 7. Relações com a raça - História I. Título.

25-286787 CDD-305.4209

Índices para catálogo sistemático:
1. Racismo : Relações sociais 305.4209
Maria Alice Ferreira - Bibliotecária - CRB-8/7964

AMBASSADE DE FRANCE AU BRÉSIL
Liberté Égalité Fraternité

Cet ouvrage, publié dans le cadre du Programme d'Aide à la Publication année 2025 Carlos Drummond de Andrade de l'Ambassade de France au Brésil, bénéficie du soutien du Ministère de l'Europe et des Affaires étrangères.

Este livro, publicado no âmbito do Programa de Apoio à Publicação ano 2025 Carlos Drummond de Andrade da Embaixada da França no Brasil, contou com o apoio do Ministério francês da Europa e das Relações Exteriores.

PALLAS

PALLAS EDITORA E DISTRIBUIDORA LTDA.
Rua Frederico de Albuquerque, 56 – Higienópolis
CEP 21050-840 – Rio de Janeiro – RJ
Tel.: 21 2270-0186
www.pallaseditora.com.br | pallas@pallaseditora.com.br

"A supremacia branca é o sistema político
que, apesar de nunca ter sido nomeado, fez
do mundo moderno o que ele é agora."

Charles Mills

SUMÁRIO

O ponto de partida deste ensaio foi uma conferência chamada *De la blanchité déconstruite* [A branquitude desconstruída], realizada em 22 de novembro de 2022 no Théâtre de Liège. Agradeço à instituição e ao público presente pelo interesse por minhas reflexões. Conforme anunciado naquele dia, elas continuam nestas próximas páginas.

Léonora Miano

INTRODUÇÃO

A expressão "homem desconstruído" surgiu recentemente no debate sobre as relações entre os sexos, provocando diversas reações. Independentemente do que pensemos sobre a ideia, o termo sugere que pode haver uma masculinidade que não é apenas inofensiva mas também disposta a corrigir os erros da dominação masculina. Será que uma abordagem semelhante poderia ser aplicada à branquitude, isto é, à definição de si mesmos que os europeus ocidentais forjaram ao estabelecerem relações com muitos outros povos? Podemos nos considerar brancos por pura convenção, sem endossar a história que criou essa categoria? Podemos deixar de ser brancos apesar de toda a história e reivindicar a singularidade individual em qualquer circunstância (muitas vezes negada a outros)? São essas questões específicas que responderei para concluir minhas observações, depois de ter examinado o que é a branquitude e a forma como ela funciona.

Não proponho aqui uma apresentação acadêmica. Estudos sobre a branquitude, também conhecida como "identidade branca", surgiram há várias décadas no mundo ocidental anglófono. E, embora as pesquisas desse tipo ainda sejam vistas com cautela nos países ocidentais de língua francesa, elas já estão sendo realizadas neles. Minha abordagem será empírica. Embora referências a diversas leituras possam aparecer quando apropriado, tentarei mencionar mais filmes norte-americanos[1] ou franceses, produzidos para o cinema, mas mais frequentemente para a televisão. Essas ficções populares são acessíveis e não têm preços exorbitantes, já que a maioria dos lares tem uma televisão. As coisas estão mudando, mas a televisão sempre teve uma influência considerável na formação dos imaginários. Lembro-me de ter visto um número anormal de filmes e séries dedicados à história dos Estados Unidos durante minha juventude. Sem nenhuma premeditação, cenas retiradas dessas produções acabaram por ilustrar meu ponto de vista. Pareceu-me bom incluir também filmes franceses que pudessem trazer mais equilíbrio à minha demonstração. Não será necessário ter visto todos, pois eles fornecerão sobretudo material etnográfico. As ficções costumam ser um campo rico para a coleta de informações que indivíduos não teriam fornecido de maneira voluntária. Além disso, essas

---

1 N.E.: No original, Miano utiliza termos como "américain" e "américains" ["americano" e "americanos"] para se referir às produções, às pessoas e ao próprio país Estados Unidos da América, pois se trata de referência comum em língua francesa para falar dos EUA enquanto potência do Ocidente. Optamos, porém, por traduzir essas ocorrências como "norte-americanos", ainda que o termo não se refira apenas aos nascidos nos EUA, por entendermos que esse é o vocábulo que se aproxima da proposta do texto original. Em *Afropea* (Pallas, 2025), no entanto, Miano usa termos como "étatsunien" e "étatsuniens" ["estadunidense" e "estadunidenses"], porque nela a autora se refere sobretudo aos habitantes dos EUA, e não exatamente à potência do Ocidente em solo americano; por isso optamos pela tradução literal nessa obra.

produções, cuja narração se concentra em diferentes épocas, também mostram a forma como a cultura popular expõe o funcionamento da branquitude, sem que isso seja necessariamente seu objetivo.

Meu interesse pelo problema dos brancos não é de hoje.[2] Ele vem da consciência da dimensão política do problema racial, de um questionamento inevitável da pessoa que pertence ao grupo humano mais desfavoravelmente racializado. Quando somos negros — fato do qual somos forçados a tomar consciência de uma maneira ou de outra —, a raça rapidamente se torna uma questão. Não tanto por causa da tez à qual nós mesmos podemos não atribuir sentido, mas porque a história recai sobre nós. Muito cedo, termos como "tráfico de escravizados" ou "comércio de negros" foram estabelecidos, seguidos por outros como "Code Noir" e "apartheid", uma série de palavras que nos permitem compreender o que significa ser negro no mundo desde os tempos modernos. Foi nessa época, com a invasão europeia na América e as deportações transoceânicas de africanos subsaarianos,[3] que surgiu a noção de "raça negra", tal como

---

2 Cf. sobretudo: MIANO, Léonora. La question blanche. *In*: MIANO, Léonora. *Ce qu'il faut dire*. Montreuil: L'Arche Éditeur, 2019.

3 N.E.: Ao longo do ensaio, Miano usa as designações "africanos subsaarianos" e "África Subsaariana" para se referir aos africanos que descendem de algum dos mais de 40 países localizados ao sul do Deserto do Saara. Foi dessa parte do continente africano que pessoas foram sequestradas para serem usadas como mercadoria durante o tráfico transatlântico.

ela é entendida hoje. Nessa história, a pele é apenas um suporte. A cor dela é a base que serviu de apoio para ideias elaboradas para estabelecer uma hierarquia ontológica, política e depois social. A biologia e a cultura, que deveriam ser sua origem, foram convocadas para construir teorias de todos os tipos que justificassem essas atribuições. Com o tempo, a cor daqueles que tinham se tornado Negros se tornou um símbolo não de uma origem étnica como tal, mas de uma condição particular: a de pessoas cuja humanidade seria muitas vezes considerada questionável.

Para aqueles e aquelas que tiveram que carregar essa condição, que têm que habitá-la, pois a tez não se apaga, refutando qualquer possibilidade de amnésia, a cor da pele conta tanto a história da rejeição da humanidade quanto a da constante recusa à desumanização. Por isso, embora combatamos o racismo, embora reconheçamos a categoria racial "negra" como produto de um desejo de ostracismo, não a descartamos de maneira tão fácil. "Negro" é tanto o nome através do qual fomos expulsos da luz quanto o da luta pela dignidade, pela igualdade. Em regiões do mundo marcadas por uma forte presença afrodescendente, o negro se tornou o nome de espiritualidades, de estilos de vida ou de estéticas que fazem oposição à insanidade racista. O problema criado por essa designação, que já não é a do fenótipo, e sim da experiência resultante, é que ela provém de um olhar depreciativo, externo a nós mesmos. E forjar uma identidade a partir de uma definição negativa formulada por outras pessoas dificilmente pode ser considerada uma boa estratégia. Além disso, a experiência negra, o ser negro no mundo, não é compreendida em toda a sua profundidade. A influência intelectual dos grupos afetados por essa experiência é fraca, quase inexistente. Inclusive, é difícil, se não impossível, modificar completamente o significado de uma palavra que as civilizações carregaram tanto de negatividade, em todas as regiões do mundo, e desde o início dos tempos. Poderíamos nos aprofundar nos significados do que não é uma cor, mas o que nos preocupa é outra coisa.

A experiência de enfraquecimento que os africanos subsaarianos e os seus descendentes viveram desde que foram definidos como negros induz outra vivência, situada no extremo oposto do eixo das relações de todos os tipos que ocorrem entre grupos humanos. Para que mais de um bilhão e meio de seres humanos — resumidamente — ainda estejam encarcerados numa condição simbólica e política causada pela racialização negativa que atingiu seus antepassados vários séculos atrás, foi necessário criar um sistema muito específico. É preciso garantir, de forma mais ou menos consciente, que ele seja mantido. A questão que então se coloca já não visa mais às pessoas racializadas desfavoravelmente, cujas tribulações e protestos são conhecidos. Se nossa intenção é compreender o problema racial e tentar resolvê-lo, é a categoria racializada de maneira vantajosa que, se possível, deve ser questionada.

Assim que as coisas são expostas dessa forma, assim que sugerimos formular a questão branca de modo inteligível, uma onda de protestos deve ser enfrentada. Aqueles e aquelas que gozam de uma vantagem racial multissecular se opõem a qualquer análise do assunto e dizem que são vítimas de racismo reverso. Enquanto os antepassados deles decidiram dividir a raça humana de acordo com critérios raciais, os ocidentais de ascendência europeia única, hoje, não toleram ser designados como brancos. Retomando, como se fosse evidente, as definições de mundo formuladas por seus antepassados — sejam elas sobre territórios, povos ou até mesmo sobre a flora —, eles não suportam ser definidos também, enviados de volta a um lugar preciso na história das relações humanas, a atos concretos cujas consequências estruturam o dia a dia de um grande número de pessoas de todo o planeta. Isso porque sabem que ser definido retira a possibilidade de encarnar o universal ou de representar uma individualidade, que fazê-lo reduz o ser a atributos não escolhidos, dando a ele muitas vezes um sentido pesado. E eles também sabem — embora a maioria tenha pouca consciência disso — que a cor da pele, usada para inventar as raças, não é o tema principal. Ela é uma assimetria simbólica e política que frustra os projetos igualitários das sociedades que se dizem progressistas e questionam a pretensão a um universal do qual seriam os melhores representantes, os fiadores perfeitos. E essa assimetria está relacionada à branquitude — termo que, para mim, significa "ocidentalidade".

BRANQUITUDE NÃO É BRANCURA

Foi a escritora Judith Ezekiel, especialista em estudos de gênero e raça, que criou o termo "branquitude" — que hoje está cada vez mais disseminado, sem que as pessoas conheçam a sua origem e as razões da sua formulação. A ideia era substituir a palavra "branquidade", que costumava ser utilizada nas ciências sociais. Criado em contrapartida ao termo "negridade", ele tinha um problema: não marcar de maneira clara a relação de dominação. Eu nunca pensei em recorrer ao termo "branquidade", mas adotei "branquitude" por um motivo específico. Apesar de a palavra usada em inglês ser *whiteness* — que mantém uma equivalência com *blackness*,[4] a qual não resolve o problema da branquitude/negritude —, ela tem a grande vantagem, em português, de se distanciar claramente da "brancura". Foi isso que me interessou. A branquitude não é, e não pode de forma alguma, ser associada à brancura, vocábulo que, em muitas culturas, está carregado de significados, e até de valores positivos. A brancura significa algo que é imaculado, sem manchas. É também uma das características da luz quando ela atinge o brilho máximo. Por último, se refere ao que é espiritualmente elevado. Ou seja, a brancura pode ser confundida com a inocência — e isso é motivo suficiente para explicar por que

4 Que traduzo como "o ser negro", a negridão tendo um outro significado, amplamente difundido, anterior à experiência de grupos racializados de maneira desfavorável, e válido também entre eles: noite, escuridão, escuro etc.

a "branquitude" é muito mais apropriada quando queremos designar uma realidade e um projeto que não devemos hesitar em qualificar como criminoso.

Na verdade, a branquitude se opõe completamente à brancura. Foi no contexto escravagista das Américas[5] que a discriminação racial se estabeleceu como forma de especificar o lugar de cada pessoa na sociedade. Retomo a importante obra da historiadora Aurélia Michel, *Un monde en nègre et blanc*,[6] para lembrar as etapas da implementação e da consolidação desse sistema em resposta à proclamação revolucionária da igualdade democrática.[7] A ideia é interessante para mim porque a categorização racial teve por objetivo claro e documentado, em sociedades que defendiam a igualdade, garantir que ela não beneficiasse determinados grupos. Ou seja, a proposta era colonizar a igualdade, destinar seus benefícios apenas a uma categoria de pessoas com base na suposta raça delas. Colonizar, aqui, é confiscar, se apropriar. E essa escolha foi feita para permitir a hegemonia de um grupo, para garantir a perenidade dele graças a arsenais legislativos concebidos apenas para esse fim. Aurélia Michel explica:

---

5 O nome inclui o Caribe, as famosas Índias Ocidentais.

6 MICHEL, Aurélia. *Un monde en nègre et blanc*: enquête historique sur l'ordre racial. Paris: Seuil, 2020.

7 Ibid., p. 344.

A proposta das Revoluções Francesa e Americana era de que todo homem podia se tornar semelhante, todo homem era naturalmente semelhante. É neste caso que a experiência atlântica é fundamental, já que, com medo de que os negros pudessem se tornar semelhantes delas, iguais a elas, as elites brandiram a cor branca, ou seja, um atributo que só pode ser adquirido de uma forma: através da filiação biológica, da "reprodução natural" [...] a ficção branca se alimenta, portanto, de uma fantasia de onipotência, alheia a qualquer autoridade ou jurisdição, exceto a lei da natureza, que tende sempre a ser a do mais forte.[8]

A cultura popular não deixou de refletir isso, por vezes de forma grosseira. Sugiro que, para começar, vejamos isso através de alguns filmes norte-americanos. Desde o fim da Segunda Guerra Mundial, a cultura pop mundial tem sido influenciada pelas produções norte-americanas, sejam elas musicais ou cinematográficas. São os Estados Unidos, *enfant terrible*[9] da Europa conquistadora, que ditam as regras da modernidade. Para além dessas questões, o país continua sendo o líder das nações ocidentais, aquele que abriga as outras sob suas asas. Foi também ele que os europeus e seus descendentes superaram ao

---

8 MICHEL, 2020, p. 346-347, tradução nossa.

9 N.E.: Designa pessoa que costuma ter todos os seus caprichos atendidos e com a qual os outros não conseguem lidar.

escrever as páginas mais famosas da história da branquitude. Os primórdios do Estado se confundem com a invasão europeia da região. Vindos de vários países, eles souberam chegar a um acordo quanto ao que os uniria diante dos outros. Também conseguiram implementar políticas migratórias que favoreceram por muito tempo sua superioridade demográfica. Esses e outros elementos justificam nosso interesse pela ficção norte-americana e pelo que ela mostra sobre a branquitude, em termos coletivos e individuais. Usarei muitas vezes o termo "afrodescendentes" para me referir aos negros, e isso por dois motivos. A África Subsaariana não é a única origem ancestral das pessoas envolvidas aqui, mas marca a aparência delas e as expõe ao estigma racial. É a marca corporal da África Subsaariana já distante, e inclusive desconhecida em muitos casos, que atribui a essas pessoas uma condição desfavorável. Além disso, e embora esta não seja a minha abordagem no dia a dia, a ideia aqui é reservar o máximo possível da categorização racial àqueles que promoveram essa visão nociva da raça humana e que continuam a se beneficiar dela. O contraste deveria suscitar reações que, espero eu, provocassem certos questionamentos. Como disse James Baldwin: "O que os brancos devem fazer é tentar encontrar no coração deles o motivo pelo qual foi necessário criar a figura do negro. Porque eu não sou um negro"[10]. A questão colocada por Baldwin ultrapassa o contexto da *plantation* escravagista e ainda hoje nos afeta, já que a inexistência da raça não faz desaparecer o racismo. As ficções produzidas para o cinema ou para a televisão oferecem uma ampla variedade de exemplos úteis para quem se dedica a elucidar o problema branco.

10 BALDWIN, James. A Conversation with James Baldwin. [Entrevista cedida a] Kenneth Bancroft Clark. *WGBH Educational Foundation*, 24 jun. 1964. Disponível em: https://americanarchive.org. Acesso em: 11 mar. 2025. Tradução nossa.

IMAGENS NORTE-AMERICANAS DE BRANQUITUDE

Um exemplo é o filme *Uma história americana* (1990),[11] cuja narrativa se passa durante o boicote aos ônibus [*bus boycott*] no Alabama em 1955, um evento importante na luta dos afrodescendentes pelos direitos civis nos Estados Unidos. O filme leva o espectador a entrar na vida de uma burguesia branca abastada em todos os aspectos, que emprega negros cuja qualidade de trabalho é elogiada, que recebem agradecimentos pela culinária saborosa. Contudo, ninguém tem vergonha de explicar, na presença deles, por que a igualdade jamais lhes seria concedida. Alguns dos comentários feitos nos deixam sem palavras, e nos perguntamos como aqueles que os enunciam podem saborear a culinária de mulheres afrodescendentes ou lhes confiar seus filhos. Temos que reconhecer duas coisas nos Estados Unidos: a capacidade do país de encarar a própria depravação e a autoconfiança que lhe permite revelá-la ao mundo. É sempre de dentro que vêm as críticas mais contundentes aos erros e até mesmo aos crimes norte-americanos.

---

11 UMA HISTÓRIA americana. Direção: Richard Pearce. Produção: Dave Bell Associates & New Visions Pictures. [*S. l.*]: Miramax Filmes, 1990. Streaming (96 min). A maioria dos filmes discutidos neste ensaio estava disponível no YouTube no momento da redação dele.

É claro que *Um história americana* não se limita a denunciar o racismo que parece correr nas veias de parte dos EUA brancos. O filme também mostra uma mulher branca privilegiada que defende a causa afrodescendente e corre o risco de comprometer seu casamento e ser excluída da sociedade de onde provém. Mas ao *white saviourism*[12] do filme não falta ambiguidade: a força moral dos afrodescendentes é tal, que fica claro que não é a mulher branca que vai em seu auxílio, e sim o contrário. São os afrodescendentes que salvam a dignidade da mulher, que a mantêm humana na família, ao aceitar a mão que ela lhes estende. Eles poderiam muito bem abandoná-la ao desconforto, à culpa de privilegiada involuntária. Na verdade, eles não têm culpa de nada daquilo. O mundo em que a mulher está sufocando foi construído pelos antepassados dela e ela tem que continuar a fazer parte dele para poder ajudá-los. O gesto que ela faz ao colocar seu veículo à disposição dos caminhantes não é uma renúncia ao privilégio racial e social de que goza. Para ela, é impossível se livrar dele: O que ela teria a oferecer então? Numa sociedade racializada, a mulher não pode repudiar o significado político de uma cor de pele que ela não

---

12 Que, em português, pode ser chamado de "complexo de salvador branco", tema muito comum em filmes em que a raça é uma questão mais ou menos importante.

quis para abraçar a condição dos afrodescendentes. Aliás, não há dúvida disso.

Essa branquitude da qual não podemos nos livrar e cujas depravações não conseguimos aprovar aparece então como uma dor incompressível. A racialização positiva é, em última análise, o negativo do outro que ela sempre quis dominar. A pessoa branca que quer ser apenas ela mesma numa sociedade estruturalmente racista — porque se baseia na desapropriação e na erradicação quase total dos povos nativos e no enriquecimento em grande parte trazido pelo trabalho servil das populações arrancadas da África — logo se vê num impasse. Enquanto a assimetria for mantida, a fraternidade, se é que um dia ela será criada, não só será ameaçada, como se tornará insatisfatória. As desigualdades a transformam em paradoxo e até mesmo em uma anomalia. Se "preto e branco são tão parecidos como duas gotas de água"[13] não é tanto porque, como são humanos, os dois têm sangue e ossos da mesma cor. É porque a racialização, ao colocá-los nos dois extremos da escala de valores, os encaixa em duas células distintas da mesma masmorra. Para o indivíduo que passa a ver as coisas de maneira mais ampla, a branquitude

---

13 Claude Nougaro, "Armstrong", em *Bidonville*, Philips, 1966. A letra escrita por Claude Nougaro é executada no cântico negro "Go Down Moses", arranjado por Maurice Vander. A música foi lançada em 45 rpm em 1965, antes de ser incluída no ano seguinte no álbum *Bidonville*.

é um privilégio envenenado, sobrecarregado pelo peso de uma impotência que ele não deveria carregar.

Em *Uma história americana*, a vontade individual de uma mulher burguesa branca não pode transformar a sociedade. A história, bem conhecida, nos mostra que foi a teimosia dos afrodescendentes que fez isso: O boicote aos ônibus do Alabama durou quase um ano, de dezembro de 1955 a novembro de 1956, provocando a intrusão do Supremo Tribunal, que declarou a inconstitucionalidade da segregação em veículos de transporte. Foi necessário chegar a esse ponto, conseguir que a mais alta instância judicial tomasse uma decisão, para que a sociedade branca do Alabama aceitasse que os afrodescendentes, que não utilizavam transporte gratuito, fossem considerados passageiros comuns. A vitória marcou não o fim, mas o início do movimento pelos direitos civis dos afro-americanos. *Uma história americana* faz parte de um conjunto de filmes de sucesso produzidos no início da década de 1990 com base em experiências opostas, mas inseparáveis: afrodescendência e branquitude. *Malcolm X*, de Spike Lee, foi lançado em 1992. Um ano antes, em 1991, um filme chamado *Uma causa solitária*[14] mostrou a história de Prudence Crandall (1803-1890), uma professora

---

14 UMA CAUSA solitária. Direção: Jack Gold. [*S. l.*]: Steve White Productions: Walt Disney Television, 1991. Streaming (95 min). O filme é estrelado por Mare Winningham, que interpreta Prudence Crandall.

branca que fundou, em 1833, em Connecticut, uma das primeiras escolas para meninas afro-americanas.

Uma causa solitária conta a luta dessa mulher — que também foi sufragista — para alcançar a igualdade dentro de uma sociedade cristã que a recusava. Além disso, o filme apresenta uma figura ainda mais famosa, o editor abolicionista William Lloyd Garrison, muito conhecido em sua época. Um de seus discursos, revisado para se encaixar nas regras do cinema, nos interessa. Na verdade, para lutar contra a escravização e o racismo, enquanto se dirigia a um público composto por pessoas de ambas as cores, o William Lloyd Garrison do filme opta não por dizer o que devia ser mudado, mas por levantar uma série de questões, todas com a mesma resposta:

> E por que os escravos não foram criados à imagem de Deus? Porque são negros. Por que os escravos, se fossem emancipados, cortariam a garganta de seus senhores? Porque são negros. Por que os escravos não são capazes de serem livres? Porque são negros. Por que eles não querem ser livres? Porque são negros. E por que eles não são nossos irmãos e compatriotas? Porque são negros (tradução nossa).

"E por que eles não são nossos irmãos e compatriotas? Porque são negros." William Lloyd Garrison expõe a lógica de seus oponentes políticos ao repetir os argumentos deles. Não verifiquei a autenticidade desse discurso e também não o reproduzi na íntegra. Ele é interessante por causa da compilação que cria de comentários racistas destinados a expressar bom senso. Há algo óbvio em tudo isso. No filme, é depois de ouvir essa série de perguntas, que não eram realmente perguntas, que Prudence Crandall decide, após uma noite sem dormir, criar uma escola destinada apenas a jovens negras. Lembremos que, em 1831, Crandall abriu uma instituição frequentada por jovens brancas da boa sociedade. No ano seguinte, a admissão de Sarah Harris, uma afro-americana, fez com que a escola perdesse alunas, já que os pais brancos retiraram suas filhas dela.

Logo, a escola para afrodescendentes, de Prudence Crandall, não foi uma ilustração da política *separate, but equal*,[15] que só seria implementada em 1896, seis anos após a morte da professora. Crandall foi forçada a educar apenas meninas afrodescendentes que, sem ela, não teriam tido acesso a uma educação de qualidade. Ela teve que enfrentar uma oposição veemente e agressiva de grande parte da sociedade. O estado de Connecticut aprovou a Black Law, uma lei que impedia a circulação de afrodescendentes e, com isso, a matrícula de meninas afro-americanas

---

15 A frase, traduzida como "Separados, mas iguais", refere-se a uma decisão da Suprema Corte tomada durante o caso Plessy x Ferguson. A decisão autorizou os governos estaduais e locais a adotarem leis segregacionistas, especialmente nos estabelecimentos de ensino.

vindas de outras regiões do país em escolas do estado. Esse era o caso da maioria das alunas de Prudence Crandall. Connecticut, onde os eventos ocorreram, fica na Nova Inglaterra. É um estado ianque por excelência, um dos territórios do norte dos Estados Unidos que o imaginário popular associa à proibição da escravatura e do racismo. É a parte boa dos EUA, para a qual a rede de rotas da chamada Underground Railroad levaria os afrodescendentes dispostos a morrer para viverem livres. No entanto, foi nesse mesmo lugar, no coração da terra prometida, que uma mulher foi levada a julgamento e encarcerada por querer proporcionar uma educação valiosa às afro-americanas. Foi nesse mesmo lugar, nesse Norte que por muito tempo representou a justiça e a igualdade, que jovens nascidas nos Estados Unidos foram convidadas a regressar à África se a vida que lhes era oferecida não lhes conviesse. Lembrem-se de que, em 1833, quando Prudence Crandall fundou a escola, o país ainda não tinha abolido a escravatura. Estamos falando de uma mulher que tentou usar seus privilégios a serviço de pessoas extremamente desfavorecidas e correu um grande risco para fazer isso.

Uma causa solitária, um filme de pouco sucesso cujo objetivo era homenagear os brancos justos, mas com personagens afro-americanos que surpreendem pela falta de substância, faz o espectador encarar um fato brutal: a Guerra Civil Americana, que dilacerou o país por cerca de 30 anos depois do julgamento de Crandall, não envolveu um Norte antirracista e um Sul racista. Não opôs bons e maus, antiescravistas e senhores de escravizados. Muito antes da questão dos valores, criada pelo uso do trabalho escravizado no Sul, o conflito foi provocado pela divergência em relação a interesses econômicos e ao poder do Estado Federal. Os debates sobre o caso Dred Scott (1857)[16] — famosos por terem contribuído para a eclosão da Guerra Civil — não envolviam fundamentos morais, mas sobretudo a inviolabilidade do direito à propriedade e a validade de uma lei de um estado para outro.[17] Isso é inclusive um assunto fascinante que todos podem pesquisar facilmente hoje em dia. A confraternização com os afrodescendentes não era o assunto principal, inclusive quando se tratava da abolição da escravatura. O próprio Abraham Lincoln deu prova disso numa carta aberta publicada em 1862 pelo *Daily National Intelligencer*:

> Meu objetivo primordial nesta luta é salvar a União, não salvar ou destruir a escravatura. Se eu pudesse salvar a União sem libertar nenhum escravizado, eu o faria, e, se pudesse

---

16 O Supremo Tribunal Federal proferiu uma decisão em 1857, mas Dred Scott passou cerca de dez anos procurando a Justiça para obter a própria liberdade e o estatuto de cidadão, antes de recorrer à instituição superior.

17 Resumindo, a pergunta era: Dred Scott era ou não propriedade de seu senhor, embora tivesse viajado (com este último) para regiões em que a escravidão não era praticada?

> fazê-lo libertando todos os escravizados, eu o faria. E, se eu pudesse salvá-la libertando alguns e deixando outros no mesmo lugar, eu também faria isso.[18]

Lincoln é lembrado pela posteridade porque aboliu a escravatura, muito mais do que por ter salvado a União. Porém, em nenhum momento ele escondeu suas verdadeiras intenções: permitir que o país que a branquitude tinha criado para ela mantivesse sua unidade e, assim, prosperasse. A abolição da escravatura, que aconteceu no fim da Guerra Civil Americana (1865), foi, de certa forma, apenas um benefício colateral. Inclusive, quando Lincoln proclamou a emancipação em 1863, no meio do conflito, a iniciativa foi apenas de natureza marcial. Na verdade, a Proclamação de Emancipação apenas libertou os escravizados que viviam nos Estados Confederados, opostos à União. Os afrodescendentes dos chamados Border States[19] (Delaware, Kentucky, Maryland, Missouri etc.), que faziam parte da União, não foram afetados pela declaração. O mesmo aconteceu em estados como o Tennessee, ocupados pelo Exército da União. A proclamação de Lincoln foi um ato político

---

18 ABRAHAM Lincoln to Horace Greeley. *Daily National Intelligencer*, Washington, DC, 22 ago. 1862. Ver: Library Congress Digital Collections, Abraham Lincoln Papers, Letters and Essays: www.loc.gov/collections/abraham-lincoln-papers/about-this-collection/. Tradução nossa.

19 Estados chamados fronteiriços ou limítrofes porque quase todos faziam fronteira com o território confederado.

e sobretudo militar. Ao provocar revoltas no Sul, o seu objetivo era incentivar o alistamento em massa de escravizados no exército da União. Esse objetivo foi alcançado e os 200 mil homens afrodescendentes que se juntaram às tropas permitiram que o Norte vencesse a guerra. Já que a União acolhia em seu seio estados escravagistas e também os autorizava a manter esse status, ou preservava a prática nas regiões que ocupava, parece difícil considerar a abolição da escravatura como a principal razão para a guerra.[20]

A forma como a cultura popular fala sobre a Guerra Civil Americana, a partir das décadas de 1970 e 1980, confirma isso. Na terceira parte da minissérie *The Blue and The Grey* (1982),[21] o espectador conhece dois desertores. Ex-soldados de campos opostos, quando se encontram, não sabem se estão

---

20 Isso não diminui o ardor das lutas entre abolicionistas e senhores de escravos. Elas foram, por vezes, sangrentas, e muitos brancos se mataram por causa dessa questão. Os Estados Unidos tiveram um movimento abolicionista muito mais dedicado do que qualquer outro lugar, impulsionado por valores religiosos e políticos. A venenosa questão da escravatura não pode, portanto, ser totalmente excluída da lista de causas da Guerra Civil Americana. O que pretendo aqui é mostrar que ela não foi central e que a União teve uma atitude mais do que ambivalente em relação ao assunto. A escravidão era um problema para certos cidadãos, não para o Estado.

21 Azul e cinza eram as cores dos exércitos do Norte e do Sul. Nessa ordem. Outra minissérie transmitida na televisão em 1985 chamava-se *North and South* (Norte e Sul), nome que poderia ter sido usado em *The Blue and The Gray*. A Guerra de Secessão, mais conhecida como "Guerra Civil Americana" nos Estados Unidos, foi inspiração para inúmeros filmes e livros. É um dos episódios fundadores da história da nação americana. *The Blue and The Gray*, dirigida por Andrew V. McLaglen e produzida por Hugh Benson e Harry Thomason, foi transmitida pela CBS.

no território do Sul ou do Norte. Mas não importa: eles estão nos Estados Unidos da América, o país dos dois. Não é preciso ser muito esperto para entender o sentido da cena, e uma frase é rapidamente lançada por um dos jovens, enquanto os dois tentam se conhecer: "Não faz sentido a gente atirar um no outro"[22]. Fica claro que os políticos decidiram aquela guerra absurda, e muitos dos homens que deviam travá-la — se não todos — nem sabiam por quê. Tinham tido o azar de nascerem homens, por isso estavam envolvidos num conflito que lhes dizia tão pouco respeito, que eles não sabiam se haviam cruzado as linhas inimigas. Um vem da Pensilvânia, o outro, do Mississippi. É quando expressam suas identidades regionais que surge a ideia de diferença. O *blue*, do Norte, pergunta então sobre a vida no Sul, sobre como é ter escravizados. A pergunta faz seus lábios se torcerem violentamente. O homem parece prestes a vomitar. O *gray* responde com uma risada: "Escravos? Naquele barraco pequeninho não tínhamos escravos. Mal tínhamos sapatos"[23]. Reprimindo a risada, o *blue* desvia o olhar, não muito orgulhoso. Como ele podia ter criado aquela relação, associado o Mississippi à escravidão? Todos nos perguntamos isso. Principalmente porque o *gray* lembra que os

22 Tradução nossa.

23 Tradução nossa.

dois estão no mesmo barco, têm um destino comum: "Como vamos sair dessa confusão, ianque?"[24]. Não é a resposta que importa aqui, e sim a pergunta e seu significado mais profundo. Como eles podem sair de uma guerra fratricida? Será que o conflito não foi causado por um grande mal-entendido? Eles deveriam fundar uma nação, reconhecer que seriam irmãos para sempre.

Até a terceira parte, *The Blue and The Gray* se detinha às lutas e prestava pouca atenção aos motivos pelos quais elas estavam acontecendo. O objetivo não seria mostrar mocinhos contra bandidos, e sim valentes norte-americanos que, em ambos os lados de uma linha de frente traçada por uma potência distante, demonstravam bravura, solidariedade, humor etc. Humanos sendo estupidamente jogados uns contra os outros. Todos seriam tão valentes e corajosos quanto os outros. Imagine o que conseguiriam se eles se unissem. O enredo em si, baseado na história de duas famílias, desaparece nesse cenário de guerra. A escravização e aqueles que a suportavam só surgem no final da série, a primeira para ser abolida e os segundos para se liquefazerem de gratidão ao ouvir o nome de Abraham Lincoln, cuja infinita bondade lhes é ensinada. Antes disso, eles moravam em outro planeta e mal tinham ouvido falar desse senhor.

24 Tradução nossa.

A morte do primeiro presidente norte-americano no final da série faz dele uma figura quase semelhante à de Cristo. Assassinado, Lincoln morre para lavar os pecados daqueles que não sabiam o que faziam: que punham em perigo a União e comprometiam o nascimento dos Estados Unidos da América.

The Blue and The Gray conta a história de uma nação em processo de construção no caos de um conflito sem sentido, cerca de um século após a revolução que lhe permitiu repudiar a tutela da coroa britânica. A igualdade promovida nessa ficção televisiva não é aquilo que deveria beneficiar a todos, e sim aquilo que existe entre os brancos. É em torno de duas famílias, uma da Virgínia e outra da Pensilvânia, que a ação deve girar. Entre os Geyser, os sulistas, ninguém se importava com o problema da escravidão, mas muitos simpatizavam com a causa confederada.[25] Os Hale, a família do Norte, são acima de tudo a favor da União. Embora seus princípios os levem a condenar a escravatura, o que esperam é uma resolução pacífica para o conflito. O Norte e o Sul, encarnados por essas famílias, são dois EUA que se espelham. As duas se apegam à história que lhes foi contada, ao seu ambiente, ao seu estilo de vida. Nenhuma é pior que a outra. A questão da escravidão

---

25 Apenas o filho da família defende a causa dos negros, livres ou escravos. Seu perfil de artista excêntrico rouba-lhe a maturidade e a credibilidade.

serve apenas para revelar as qualidades das pessoas que se interessam por ela. Não é questão central da guerra nem do roteiro.

Não vamos fingir que esse assunto nunca foi abordado de forma correta na TV americana. O mundo inteiro conhece a minissérie *Roots* (1977),[26] uma das primeiras sagas televisionadas sobre a vida de uma família afrodescendente ao longo da história dos Estados Unidos. A adaptação do livro de Alex Haley é um clássico, e poucos países ocidentais foram tão longe na reconstrução da sua história afrodescendente a ponto de reconhecê-la como um elemento da narrativa nacional. No entanto, quando se trata da Guerra Civil, a forma como ela foi narrada ao público nem sempre faz da escravidão o motivo dos confrontos entre o Norte e o Sul. Porque ela não foi a causa da guerra. E porque era importante relatar a história de tal forma que os membros do grupo majoritário, os brancos, não se dividissem por causa de uma questão tão secundária. Na maioria das vezes, nas obras de ficção que a abordam, a Guerra da Secessão aparece como uma metáfora utilizada para tratar de assuntos alheios à condição dos afrodescendentes da época. No entanto, como a fábula nacional quis fazer da Guerra Civil Americana um ponto de virada na trajetória dos afro-americanos,

---

26 Ou "Raízes", em português.

às vezes é de bom-tom mostrá-los nos filmes para a TV. Eles só tomam o cuidado de mantê-los em seu devido lugar, a de uma questão subsidiária no grande confronto que determinou o futuro do país.

É assim que em *A glória de um covarde* (1974),[27] filme para TV adaptado do romance de mesmo título de Stephen Crane,[28] vemos um afrodescendente aparecer logo nos primeiros minutos do filme. O espectador descobre um regimento nova-iorquino, portanto ianque, em seu acampamento. Naquele momento, eles não estão lutando. Os homens estão só matando tempo. Enquanto alguns estão ocupados com diversas atividades que nos permitem aprender como é a vida no acampamento, um pequeno grupo cerca um afrodescendente. Empoleirado num barril, ele esboça os passos pouco elaborados de uma dança, sem dúvida longe de ser a mais impressionante que seu povo criou naquele país. O indivíduo também canta, sem fazer justiça à grande tradição afro-americana dos cânticos. A vontade que temos é de lhe pedir que se cale. Enquanto ele se apresenta, os

---

27 A GLÓRIA de um covarde. Direção: Lee Philips. Produção: 20th Century Fox. [*S. l.*]: NBC, 1974. Streaming (74 min).

28 Traduzido para o português por Sérgio Rodrigues com o mesmo título do filme, publicado pela Lacerda Editores, em 2000. O romance, que muitos jovens americanos estudaram, foi adaptado diversas vezes para o cinema. A adaptação de John Huston é uma das mais famosas. Desde sua publicação, em 1895, o romance de Stephen Crane (1871-1900), que tinha então 24 anos, é considerado uma das mais importantes obras de ficção sobre a Guerra Civil Americana. Foi um clássico instantâneo.

amigos dos negros, cheios de alegria por estarem se divertindo, comungando um humanismo que celebram, jogam algumas moedas no barril. O homem não é engraçado nem feio, é insignificante. Ele é afrodescendente e sua presença numa situação que se pretende amigável nos lembra que estamos no lado bom dos EUA, aquele que abomina a escravatura, senão o racismo.

Embora não esteja vestido com o uniforme azul do exército da União — o que o tornaria membro da família reunida no acampamento —, o artista não parece infeliz. Suas roupas estão limpas, ele não está fraco, nada em sua aparência revela qualquer pobreza. Um dos homens da tropa, que deveria estar de tocaia em algum lugar, aparece correndo, anunciando a iminente partida para a batalha. Em suma, o assunto sério os chama. No tumulto, o afrodescendente, que não é soldado, corre para recolher as moedas e vai embora. Ele é mais ágil ao desaparecer do que ao dançar. Não o veremos mais. Não veremos mais nenhuma outra pessoa de pele escura. *A glória de um covarde* conta a história da Guerra Civil sob o ponto de vista de Henry Fleming, um jovem que, depois de se entusiasmar com o militarismo — mais do que com a abolição da escravatura, que não é nem mencionada —, percebe que é um covarde. Durante uma batalha que acreditava perdida, Fleming foge para a floresta. Mais tarde, ele encontra os companheiros, mente com bastante convicção sobre sua deserção e se culpa ao ver que todos têm muita consideração por ele. Outra batalha logo se aproxima e, então, subitamente possuído por um espírito heroico, o jovem se lança na linha de frente. Dono de uma vitalidade sobre-humana, ele parece procurar as balas inimigas. Mas já havíamos entendido muito antes que a história não fala de um exército marchando para defender os valores morais e promover a fraternidade entre todos.

Em *A glória de um covarde*, a Guerra da Secessão é uma metáfora para a formação do homem. O filme fala, portanto, acima de tudo, da jornada rumo à idade adulta, da descoberta do companheirismo viril e da coragem de que nos considerávamos incapazes. Exaltado, Fleming desafia a morte. Quase podemos ouvi-lo pensar: "Mil cairão ao teu lado e 10 mil à tua direita, mas tu não serás atingido"[29]. É preciso lembrar que o jovem acredita na eleição divina, que, se o Altíssimo impuser sua mão sobre alguém, este não morrerá, aconteça o que acontecer. É também a fé que alimenta sua coragem. O covarde passa a ser guardião de seus irmãos, nenhum dos quais é descendente de africanos. O único que vemos não tem a aparência deplorável dos escravizados. O filme toma cuidado para garantir que ele seja diferente

29 Salmo 91:7.

dos do Sul. Mas ele não é um irmão e com certeza não é um igual. O filme termina com a imagem da tropa vitoriosa em marcha. A câmera foca o rosto do jovem Fleming, que se tornou homem. Uma felicidade indescritível ilumina suas feições. A presença afrodescendente e sua relação com o conflito são relembradas pela música que acompanha o avanço dos homens. Ouvimos uma versão instrumental de "John Brown's Song", mais conhecida pelo nome "John Brown's Body", canção criada em memória do famoso abolicionista[30] e que se tornou, durante a guerra, um dos hinos do exército da União. A música, num filme que se concentra no aprendizado da virilidade entre brancos, só tem o efeito de sublinhar as desigualdades com que convivemos.

Prudence Crandall, que acreditava na igualdade, foi confrontada com o fato de ela ser reservada apenas aos brancos. Inaugurada em 1833, sua escola para

30 John Brown (1800-1859) foi um abolicionista que defendeu a violência para acabar com a escravidão. Um dos participantes do chamado "massacre de Pottawatomie" (o assassinato de cinco traficantes de escravizados), ele foi condenado à morte e enforcado. O fervoroso calvinista dizia ter se inspirado em sua religião para elaborar seus métodos de luta contra a escravidão. Abraham Lincoln o via como um iluminado. Ele se tornou um mártir da causa abolicionista aos olhos de alguns que viam em sua luta uma guerra santa e a imagem de uma frase atribuída a Thomas Jefferson: "A árvore da liberdade deve ser regada de tempos em tempos com o sangue de patriotas e tiranos". Para outros, Brown continuou sendo um terrorista. A letra da música "John Brown's Body" foi reescrita (por Julia Ward Howe) e gerou outra, chamada "The Battle Hymn of the Republic". Em ambos os casos, a música é patriota e religiosa. A letra da primeira versão, certamente um trabalho coletivo de soldados da união, me parece ser mais conhecida.

jovens afro-americanas fechou as portas em 1834, devido aos constantes ataques ao edifício. Para um grande número de cidadãos da época de Crandall, a presença afrodescendente era um incômodo que eles preferiam relegar a territórios distantes. Lembrem-se de que essa expulsão dos afro-americanos é desejada a partir do momento em que eles, ao terem a empáfia de se considerarem cidadãos daquele país, procuram meios de avançar na sociedade. É sobretudo ao observarem a movimentação de jovens mulheres afrodescendentes para esse fim que Connecticut implementa a Black Law, que torna ilegal a matrícula de afro-americanos de outras regiões em escolas públicas, a menos que autorizada pelo governo local. No entanto, Connecticut não reserva aos seus afrodescendentes o privilégio da educação oferecida por Crandall. Eles sabiam que os nativos do estado não ousariam frequentar aquele estabelecimento. A Black Law foi aprovada em 1833 apenas para impedir que Prudence Crandall continuasse a educar suas alunas, todas vindas de fora de Connecticut.

A educação é a ferramenta por excelência da ascensão social, aquela que pode evitar que sejamos condenados a dançar em barris de geração em geração. Ou, pelo menos, que pode nos dar uma escolha. A igualdade era, portanto, o problema que devia ser evitado quando, em vários estados americanos, ao longo dos anos, foram promulgadas leis com o objetivo de dificultar o acesso aos direitos constitucionais dos afrodescendentes. Embora tente redimir a consciência branca ao homenagear Prudence Crandall, *Uma causa solitária* não consegue fazer nada além de revelar uma verdade: uma vez incorporada e internalizada, a branquitude não precisa mais do ambiente escravagista. Ela sabe transferir estruturas e hierarquias para qualquer outro ambiente. Embora tenham abolido a escravatura várias décadas antes dos compatriotas[31] que viviam sob a linha Mason-Dixon,[32] os ianques sentem pelos descendentes dos subsaarianos deportados e reduzidos à escravização a mesma superioridade, o mesmo desprezo manifestado pelos mais racistas entre os sulistas. Os EUA

---

31 Isso não foi feito simultaneamente nos estados do Norte. Alguns acabaram com a escravidão nos primeiros anos da Guerra da Independência (1775-1783), que marcou a Revolução Americana. Foi o caso de Vermont, com sua Constituição de julho de 1777. Outros, na verdade a maioria deles, optaram por uma abolição gradual. Em 1846, Nova Jersey, por exemplo, promulgou uma nova lei de abolição gradual. O texto parava de designar os trabalhadores servis como escravizados e passava a tratá-los como *apprentices for life* ou "aprendizes vitalícios", garantindo a eles certos direitos, mas os mantendo em regime de servidão. A escravidão ainda era permitida nesse estado do Norte quando a 13ª Emenda da Constituição a aboliu em todo o país, em dezembro de 1865. A escravidão foi abolida nos territórios nativos americanos em 1866.

32 Linha de demarcação entre os estados abolicionistas e os ainda escravagistas, traçada entre 1763 e 1767 pelos geógrafos Charles Mason e Jeremiah Dixon. Em 1820, o Compromisso do Missouri, cujo objetivo era reduzir as tensões ligadas à escravatura, alterou-a ligeiramente. As inúmeras disputas que a Linha Mason-Dixon gerou não podem ser resumidas aqui. Mas devemos lembrar que, durante o bicentenário da linha, em 1963, John Fitzgerald Kennedy criou um novo trecho para ela, fazendo-a atravessar a fronteira entre Delaware e Maryland. Desde seu assassinato, os acréscimos à Linha Mason-Dixon são conhecidos como Rodovia Memorial John F. Kennedy.

pertencem a eles e nada pode forçá-los a partilhar aquele bem com seres inferiores:

> Em vão nossos antepassados cruzaram mares agitados e nos deram esta terra, em vão eles sangraram, em vão trabalharam se fraquejarmos agora e permitirmos que esses negros compartilhem de nossas casas, nossos campos...[33]

Essas palavras são ditas por um pastor branco em *Uma causa solitária*. O homem as precede por um versículo bíblico bastante evocativo: "Agora, pois, sois malditos; e, dentre vós, não deixará de haver servos, nem rachadores de lenha, nem tiradores de água, para a casa do meu Deus"[34]. O sermão racista não é a única crítica mordaz feita contra a iniciativa de Prudence Crandall, mas parece ser o pico da montanha que os afro-americanos teriam que escalar para que sua humanidade e sua pertença à nação fossem reconhecidas, porque é proferido por um pastor cristão. O homem deveria pregar a unidade da raça humana, o amor ao próximo, seja ele quem fosse. Mas o que ele diz, com toda a autoridade que seu cargo lhe confere, é que alguns vieram ao mundo

---

33 Tradução nossa.

34 Josué 9:23 (Bíblia Almeida Revista e Corrigida). A redação do versículo ouvida no filme é a da Bíblia King James: "Now therefore ye are cursed and there shall be none of you freed from being bondmen, and hewers of wood and drawers of water for the house of my God".

para servir aos outros, mesmo passadas muitas gerações. A morada daqueles que adquiriram escravizados é comparada à de Deus, o que significa que o direito de dominar emana do alto. Ninguém pode contestá-lo. Dizer que os Estados Unidos são um país tomado pela branquitude não é só uma frase de efeito, e sim uma realidade. Podemos confirmá-la ao observar o tratamento reservado aos povos indígenas e aos povos de ascendência subsaariana na história do país, é claro. Mas outros fatos revelam isso.

Uma rápida revisão das leis relativas à entrada de estrangeiros pode esclarecer muitas coisas a esse respeito. Na verdade, ninguém nem se deu ao trabalho de batizá-las com certa elegância. Qualquer pessoa interessada no assunto inevitavelmente descobre a Chinese Exclusion Act,[35] o primeiro grande texto legislativo que visou restringir a entrada no país de pessoas de um grupo étnico específico. Aprovada em maio de 1882 por um período de dez anos, ela foi imediatamente renovada por mais uma década. Um pouco depois, a Lei de Imigração de 1917, também conhecida como Asiatic Barred Zone Act, ou Lei da

---

35 Lei da Exclusão Chinesa. Texto federal assinado pelo presidente Chester Alan Arthur que proibia a entrada de operários chineses nos Estados Unidos por um período de dez anos. A forma como essa lei definia os trabalhadores proibia veementemente a imigração chinesa. Ver: National Archives: www.archives.gov. A lei abertamente racista foi denunciada em 2011-2012 pelo Congresso, pelo Senado em 2011, pela Câmara dos Deputados em 2012, quando ambas as câmaras se comprometeram a sempre garantir o respeito aos direitos civis.

Zona Proibida para Asiáticos, confirmou a rejeição de imigrantes da Ásia e do Pacífico. Apenas dois territórios não eram mencionados nela: as Filipinas, cedidas pela Espanha aos Estados Unidos em 1898,[36] e o Japão. No entanto, o último também foi atingido pela proibição, já que o texto estipulava que as exceções diziam respeito apenas aos territórios sob administração dos EUA. Quando o Chinese Exclusion Act foi promulgado, a China ainda vivia sob o regime de tratados desiguais: era aberta ao comércio com potências estrangeiras[37] em condições que lhe eram desfavoráveis e tinha perdido a soberania de grande parte do seu território. Vale mencionar aqui que os Estados Unidos são um dos parceiros comerciais hostis da China desde 1844. Ou seja, a entrada nos Estados Unidos era recusada a cidadãos de um país que deixava os norte-americanos mais ricos.

---

36 Durante a Guerra Hispano-Americana de 1898 (abril a dezembro), os Estados Unidos invadiram as Filipinas, então uma colônia espanhola. No final do conflito, o arquipélago saiu das mãos da Espanha e se tornou colônia americana por um período de 48 anos. Por serem considerados cidadãos estadunidenses, os filipinos colonizados, ao contrário dos outros asiáticos, foram poupados da Lei de Imigração de 1917. Isso não levou a uma ida massiva deles para os EUA — apenas deu àquelas pessoas a possibilidade de irem para o país.

37 Podemos citar a França, o Reino Unido da Grã-Bretanha e Irlanda, a Alemanha, os Estados Unidos, o Império Russo — associado a duros golpes do colonialismo ocidental numa determinada época — e até o Japão, a partir de 1915. A lista, na verdade, é mais longa, já que esses contratos leoninos foram impostos à China de 1841 a 1933. O primeiro dos tratados desiguais em favor dos Estados Unidos foi o de Wanghia, assinado em julho de 1844.

A década de 1920 também foi marcada por leis destinadas a selecionar as pessoas autorizadas a entrar nos Estados Unidos. Depois da Grande Guerra, o Tio Sam não quis acolher toda a miséria do mundo. Claro, não podemos dizer que eles queriam recusar mais certas pessoas. Na época, o método escolhido foi o estabelecimento de cotas, com base em grupos já formados no país. Assim, a Lei de Cotas de Emergência de 1921, que inaugurou essa era, impôs uma cota máxima de 3% de imigrantes por nacionalidade, dependendo do número de pessoas dessa mesma origem já residente nos Estados Unidos. A Lei de Imigração de 1924 baixou a porcentagem para 2%, com base no censo de 1890. A questão aqui é simples: As nacionalidades mais presentes no país em 1890 foram favorecidas e viram seu número crescer a cada nova onda de imigração. Quando um grupo, de ingleses, por exemplo, era grande, o fato de que outros 2% de britânicos poderiam se estabelecer todo ano nos Estados Unidos garantia sua hegemonia. Não havia então necessidade de elaborar uma lista de origens étnicas proibidas de entrar no país — a rejeição acontecia naturalmente. É claro que um país conhecido por praticar a segregação racial em relação aos afrodescendentes não atrairia um número significativo de pessoas de mesmo fenótipo, mesmo que elas fossem cidadãs de países favorecidos. Um afrodescendente britânico que soubesse ler inglês

— coisa que era exigida na época — e tivesse aceitado Cristo como seu salvador teria pouco interesse em tentar realizar o sonho americano. Aventuras desse tipo, se existiram, não deixaram vestígios significativos na história. Entre 1910 e 1940,[38] foi a migração de afro-americanos do Sul para o Norte que marcou a história do país.

Foi preciso esperar 1965, ou seja, que um ano se passasse depois da promulgação da famosa Lei dos Direitos Civis, que proibia a discriminação em todas as suas formas — fosse por raça, nacionalidade, religião, sexo etc. —, para que as cotas baseadas na origem fossem extintas. Esse breve resumo não nos permite, obviamente, abordar todas as sutilezas da política migratória dos Estados Unidos. O que deve chamar a atenção é a forma como os europeus ocidentais, que se apoderaram de territórios habitados por outros povos, logo tomaram medidas para impedir que alguém os imitasse. Ao limitar a entrada de certas pessoas, inclusive de europeus do Leste e por vezes do Sul, eles queriam garantir que aqueles que se viam como detentores de direitos sobre o país mantivessem esse domínio. Ou seja, a branquitude não é apenas uma questão de cor — e é importante insistir nessa questão. Ela é, sobretudo, o nome que

38 O fenômeno é chamado de First Great Migration (Primeira Grande Migração), e os estudiosos consideram hoje que a Grande Migração teve duas fases e se estendeu de 1910 a 1970, aproximadamente.

alguns deram a seu apetite voraz pelo poder. É a base de um sistema fundamentado na exclusão. Aliás, nos Estados Unidos, a cor da pele nem sempre é suficiente para confirmar a branquitude. O país chegou a ter uma lei conhecida como *one-drop rule*, ou regra da gota única, segundo a qual uma única gota de sangue dito negro excluía a pessoa da branquitude, mesmo que a pele fosse clara o bastante para que ela fosse vista como branca. Em outras palavras, mesmo tendo um fenótipo caucasiano, era possível ser declarado negro se um dos antepassados da pessoa, ainda que distante, fosse pelo menos metade negro ou até menos que isso.

Em seu filme *O que a carne herda* (1949), o diretor Elia Kazan mostra essa dimensão da branquitude que escapa ao fenótipo e se concentra no invisível, no impalpável, no insondável. Ser branco não é apenas parecer branco, ter a pele branca. Então o que é? Para interpretar o papel de Pinky Johnson, uma jovem de pele tão clara que se passa por branca sem nenhuma dúvida, Elia Kazan escolheu a atriz Jeanne Crain. De pais irlandeses, Crain não tem nenhuma característica que a possa ligar, mesmo de maneira remota, à África, a não ser sua humanidade. A personagem de uma jovem enfermeira criada por uma avó que já foi escravizada não pode deixar, portanto, de questionar brutalmente os fundamentos da branquitude e de tudo o que resulta dela. Depois de estudar no Norte, Pinky Johnson retorna ao Sul para visitar Dicey, sua avó, interpretada por Ethel Waters, mais conhecida pelo público como cantora de blues. Ao reencontrá-la, Pinky admite ter fingido ser branca no Norte e se apaixonado por um médico branco, que nada sabe sobre sua verdadeira raça.

Pouco depois de voltar, Pinky é confrontada por uma administração racista ao tentar receber o dinheiro devido à sua avó. Ela também é agredida por dois homens brancos, que tentam estuprá-la quando ela entra no bairro reservado aos afrodescendentes: eles tinham entendido que, por não ser branca, ela ficava à mercê do bel-prazer deles. Mesmo assim, eles a deixam escapar porque ela parece branca demais. Essa cena do filme é muito interessante pelo que diz para além da imagem. Não devia ser tão fácil para o diretor fazer com que uma mulher negra fosse estuprada através de um corpo branco. Com base no tratamento a que é submetida no Sul, Pinky, que havia vivido livre no Norte, não tem vontade nenhuma de ficar com a avó. Porém, a senhora pede que ela adie sua partida para cuidar de uma vizinha branca, uma idosa que Pinky sempre havia odiado por causa de seu racismo. Resumindo, ela fica e cuida da velha. Esta última acaba morrendo, mas não antes de incluir Pinky em seu testamento. Ela deixa bens para a moça, sobretudo uma casa, mas a família, indignada, contesta o testamento. Um julgamento ocorre, ao final do qual os direitos de Pinky são reconhecidos. Quando Pinky agradece a seu advogado, ele informa que, embora a justiça tenha sido feita, os interesses da comunidade não foram respeitados. Ou seja, a branquitude é uma questão de interesses.

Elia Kazan coloca seus personagens em várias situações que evidenciam o absurdo da noção de raça, estrutural para as relações sociais e íntimas do país. O diretor escolheu uma atriz branca, de aparência clara demais para que alguém perdesse tempo procurando nela algo que traísse uma ascendência não europeia. Os brancos, portanto, não param de maltratar e rejeitar uma pessoa que se parece com eles em todos os aspectos, não porque notem sua diferença, mas porque ela é o tema de um discurso. O pertencimento indetectável de Pinky Johnson ao grupo de afrodescendentes torna a jovem um ser ainda mais ameaçador, já que é possível a ela corromper a verdadeira natureza dos outros ao enganá-los sobre a dela. A superioridade branca não fica mais garantida quando o sangue impuro dos indesejáveis não colore mais sua pele, quando a mancha não aparece mais. Em termos sexuais, a transgressão, na situação escravagista ou segregacionista, é prerrogativa da branquitude, que se apropria de corpos desvalorizados. Esse poder de desafiar o proibido sem consequências, neste caso, volta-se contra os poderosos. Como demonstra a aparência de Pinky

Johnson, a mistura racial — chamada de "miscigenação" na sociedade americana — pode não produzir uma alteridade clara, o que confirma sua natureza tóxica. Ela pode resultar em indivíduos que, caso se infiltrem em famílias brancas, vão roubar dos deuses o fogo da igualdade, envenenando sua ascendência para sempre. Vale lembrar que bastava uma gota do sangue dito negro para que a contaminação fosse comprovada. As pessoas que se pareciam com Pinky Johnson podiam cometer o crime quase perfeito, que talvez fosse revelado apenas quando desse origem a uma prole. A ferida da afrodescendência, inclusive, podia saltar várias gerações, ser percebida apenas contra qualquer tipo de expectativas e sempre de maneira inoportuna.

Será que a época atual poderia apresentar um filme como *O que a carne herda* ao público? O diretor que quiser se aventurar a fazer isso provavelmente terá que enfrentar fortes protestos de pessoas que explicarão que é preciso ser negro para interpretar uma mulher negra, quando a ideia desta história é, acima de tudo, provar a inanidade da categorização racial e o absurdo do racismo. Hoje sofremos de um identitarismo exacerbado que, mesmo dentro de grupos que se autodenominam de esquerda, tende a restringir as ideias. Lena Horne e Dorothy Dandridge, consideradas para desempenhar o papel de Pinky Johnson, sem dúvida devido a um fenótipo próximo da branquitude física, foram rejeitadas em favor de Jeanne Crain. Essa escolha foi muito mais pertinente. Era realmente necessário retratar um corpo que não apresentasse nenhuma das supostas características da afrodescendência. Lançado nos cinemas em 1949, *O que a carne herda* foi apresentado em um país ainda atormentado pela segregação racial. Ousado para a época, o filme, cuja ambição deve ser comemorada, suscitou muita polêmica, mas impulsionou a carreira de Jeanne Crain. Sua interpretação lhe rendeu uma indicação ao Oscar e fez dela uma atriz muito procurada.

O que a carne herda propõe um questionamento profundo sobre a branquitude. O problema da igualdade confiscada aparece de maneira ainda mais crua, justamente porque o corpo da personagem não sugere nada que permita negar algo a ela. Confrontados com a personagem da jovem branca que sofre o que só é reservado aos afrodescendentes, todos podem perceber que ela aceita inconscientemente a ideia de que a violência é dirigida mais a uns do que a outros, que alguns são excluídos e outros, não. Isto é, sem dúvida, o que incomoda os críticos no filme. A sociedade racista, incapaz de recorrer aos significados atribuídos à cor da pele dos afrodescendentes, se vê confrontada com as quimeras que ela mesma concebeu. A função delas era repelir os indesejáveis, marcar o território dos detentores de direitos, garantir a transmissão de poder. Bem depois das muitas abolições da escravatura, o objetivo delas ainda é manter a estrutura social e política que as condições de livre ou não livre permitiram construir no contexto da escravatura.

Para os franceses, a *one-drop rule* não existiu. Como a hipocrisia é sempre preferida à declaração clara de racismo, a categoria "livre" foi a fraturada, pois criamos dentro dela a pessoa "liberta de cor". No século 17,[39] nas colônias francesas, o status de livre era aplicado de forma indiferente àqueles que gozavam dele desde o nascimento e àqueles que o adquiriram. Mas no século 18 o "preconceito de cor" trouxe para a legislação uma desigualdade jurídica entre os brancos e as pessoas então descritas como "libertos de cor" ou "pessoas de cor livres". Quatro categorias passaram a determinar a condição delas, de acordo com a cor da pele: negro, mulato,[40] mestiço e branco. A *one-drop rule* não existia, mas o resultado não foi tão diferente. As quatro categorias de cores e status, quando criadas no contexto francês, se baseavam na

---

39 Sobretudo com o artigo 59 do Code Noir, de 1685: "Concedamos aos libertos os mesmos direitos, privilégios e imunidades de que gozam os que nasceram livres; queremos que o mérito de uma liberdade adquirida produza neles, tanto para suas pessoas como para seus bens, os mesmos efeitos que a felicidade da liberdade natural provoca em nossos outros súditos [...]". Disponível em: https://gallica.bnf.fr/ark:/12148/btv1b86086055/f1.item. Acesso em: 12 mar. 2025. Tradução nossa.

40 N.E.: Do francês *mulâtre*, que significa pessoa nascida da relação entre homem branco e mulher negra, e vice-versa.

quantidade de sangue branco que cada pessoa tinha. Isso pode ser facilmente entendido quando ficamos sabendo dessas categorias. Quer procuremos avaliar a proximidade racial com os africanos, quer com os europeus, a fim de limitar os direitos das pessoas, o resultado é sempre a mesma abordagem racista.

Ao contrário da crença popular, o negro livre nem sempre era o mulato,[41] o filho mais ou menos favorecido do senhor branco que se dispunha a reconhecê-lo. A pessoa de cor livre também podia ser um negro emancipado,[42] conforme a linguagem vigente na época. A única coisa que o distinguia do verdadeiro liberto, do liberto e ponto, era o poder político. Ele podia, como Toussaint Louverture, que pertencia a essa classe, ter terras e escravizados e fazer fortuna. Como seu sucesso econômico beneficiava a colônia, isso não era uma perda nem uma afronta inadmissível. Mas era tudo o que lhe seria concedido. Por causa do preconceito de cor, a pessoa de cor livre não podia ter grandes responsabilidades dentro da sociedade. Certos cargos e profissões lhe eram inacessíveis. Porque ela não era branca, e a lei dizia isso. Era a época do Iluminismo. O termo

---

41 Nem todo mulato era livre. Alguns podiam pertencer a esta categoria e continuar sendo escravizados.

42 A inclusão dos escravizados libertos nessa categoria jurídica (libertos de cor) causou muitos protestos, que por vezes conseguiram excluí-los dessas disposições.

"preconceito de cor" se referia a uma ferramenta de controle baseada na discriminação racial para garantir a inferioridade legal de pessoas não reconhecidas como brancas. Sobre os libertos de segunda categoria de São Domingos (Haiti), o Barão de Vastey escreveu:

> Um homem branco poderia bater numa pessoa dita liberta impunemente, espancá-la com paus e até matá-la. Ele seria apenas condenado a uma simples multa, que nunca pagaria, e o infeliz que tivesse retrucado esses insultos com golpes teria o pulso decepado ou seria enforcado sem piedade quando o homem branco acabasse ferido por causa da briga.[43]

O século 18, que muitos franceses veem como a matriz dos valores elevados que fazem de seu país um símbolo do humanismo e das ideias, era apaixonado pelo controle dos excluídos — de vagabundos ou de pessoas com deficiência intelectual, por exemplo. Os afrodescendentes não escaparam dessa tendência. Além do preconceito de cor que estabeleceu a liberdade de segunda classe para os não brancos, o século 18 viu nascer a polícia dos negros no solo europeu da

---

43 BARÃO DE VASTEY. *Le système colonial dévoilé*. [*S. l.*]: Chez P. Roux, out. 1814. p. 79, tradução nossa. A edição aqui citada é uma versão digitalizada. Disponível em: https://archive.org/details/lesystemecolonia00vast/page/4/mode/2up. Acesso em: 12 mar. 2025.

França.[44] Também nesse caso um princípio antigo acabou por ser pisoteado. Na verdade, a *Déclaration du roi, pour la police des Noirs* (1777)[45] proibiu que afrodescendentes das colônias fossem trazidos para a França continental[46] para servir a seus senhores. Qualquer infração à lei era punida com multa de 3 mil libras, uma fortuna. Com "servir a seus senhores" queremos dizer "ficar perto deles", ou seja, dentro de suas casas e de forma a se misturar com a população metropolitana. Na verdade, a declaração de Luís XVI não dizia respeito apenas aos indivíduos de condição servil, uma vez que ela menciona claramente, já no primeiro artigo, todas as pessoas de cor. Libertas ou não, elas eram indesejáveis. Antes dessa nova legislação, os colonos voltavam para o continente acompanhados de seus escravizados. Eles,

---

44 Não insisto na manutenção da ordem nos territórios escravizados. Apenas saliento que o Code Noir, de 1685, foi, de certa forma, reforçado no século 18 por medidas de controle. Sobre esse assunto, podemos ler: GAINOT, Bernard. Considérations sur la police aux colonies. *In*: RIDEAU, Gaël; SERNA, Pierre (coord.). *Ordonner et partager la ville*: XVIIe-XIXe siècles. Rennes: Presses Universitaires de Rennes, 2011. p. 195-210.

45 "Declaração do Rei para o controle dos Negros." Acesso gratuito pela Manioc, biblioteca digital especializada sobre o Caribe, a Amazônia e o planalto das Guianas. Disponível em: www.manioc.org/patrimon/ADG18210#?c=&m=&cv=&xywh=-1794%2C0%2C6420%2C3777. Acesso em: 12 mar. 2025.

46 N.E.: A autora usa o termo para se referir ao território francês em torno de sua capital, Paris. Nessa perspectiva, os territórios franceses ultramarinos (antes colônias) não são considerados, como Guiana Francesa (na América do Sul), Mayotte (na África) e Nova Caledônia (na Oceania).

por sua vez, sabiam que o solo francês era livre,[47] que a escravatura estava reservada às colônias. Por isso, às vezes fugiam ou procuravam a justiça para obter sua liberdade, que os tribunais concediam em certos casos.

Os anos passavam, o comércio com as colônias aumentava e a população afrodescendente crescia. Era então necessário limitar a presença dela fora das regiões escravizadas. As medidas tomadas nesse sentido, antes de 1777, não foram eficazes. O princípio do solo livre continuou se impondo, o que permitiu que os senhores contornassem medidas proibitivas, sobretudo ao se comprometer a ensinar uma técnica de artesanato rara para seus escravizados. A declaração de Luís XVI eliminou todas as possibilidades que existiam até então. E, para garantir isso, autorizou os colonos a trazerem apenas um escravizado para atendê-los na travessia. Durante sua estada na França continental, o escravizado era entregue a um depósito — uma espécie de centro de detenção prematura —, de onde só saía na hora de regressar às colônias. Oito depósitos foram criados para isso nas cidades portuárias que recebiam navios das colônias e os senhores pagavam um caução de mil libras, o qual era parcialmente utilizado para o sustento dos

47 Segundo o "princípio do solo livre", também denominado "privilégio da terra da França", criado na Idade Média.

escravizados. As taxas de caução eram pesadas, o que incentivava os colonos a recuperarem a garantia depositada e, por isso, a levarem de volta as pessoas de cor. A prisão dos negros, que não considerava o status — livre ou escravizado — dos envolvidos, era uma medida drástica de controle. Ela pretendia evitar que pessoas em condição servil fossem "contaminadas" por ideias de liberdade, mas seu objetivo também era garantir que não houvesse mistura entre os brancos e as chamadas pessoas de cor. Esses últimos eram encarcerados apenas com base na raça, coisa que o nome do sistema esclarece bem. Através da prisão dos negros, a branquitude preservava suas vantagens e sua pureza. A legalização do racismo era menos direta nesse caso do que em um sistema abertamente segregacionista, mas seus efeitos iam além dele. No século 18, os afrodescendentes que vinham da colônia para a França não eram deixados em áreas restritas do espaço público: eram simplesmente banidos. Trancados nos depósitos próximos aos portos em que os navios ficavam atracados, eles não pisavam mais no solo antes libertador. Mais do que nos centros de detenção, é na cor de sua pele que estão presos. Na França, a branquitude renunciava com frequência aos grandes princípios para manter seu poder. Ela foi do preconceito de cor até o restabelecimento da escravatura, passando pela rejeição oficial da presença afrodescendente no território europeu.

Ainda hoje, nos países ocidentais, a branquitude, enquanto instância de poder, domina de maneira absoluta, uma vez que nenhum aspecto da vida social lhe escapa e ela pode continuar a agir sem que seus agentes tenham consciência disso. A gratificação racial é tão grande que só fica clara para quem é privado dela, sem que seus beneficiários entendam, na maioria das vezes, do que estamos falando. É isso que os agride quando a expressão "privilégio branco" é usada. O termo não é provavelmente o mais feliz, já que, por ser aplicado a brancos de todas as condições sociais, sugere um desejo de subjugar até mesmo os desfavorecidos, e apenas com base na cor de sua pele. Mas, como aponta sobretudo o capital simbólico e político, a expressão "privilégio branco" tem o mérito de destacar vantagens incontestáveis, desfrutadas até pelos brancos mais desfavorecidos materialmente: o pertencimento a uma cultura que é valorizada em todos os cantos, sempre influente, que se impôs em todos os continentes, e da qual as sociedades do mundo, por mais diferentes que sejam, tiveram que incorporar regras e formas para serem incluídas na modernidade, para continuarem a existir. Portanto, descendem daqueles que remoldaram o mundo de tal maneira, que até seus adversários são obrigados a se munir das ferramentas desse mestre para competir com ele e às vezes derrotá-lo. A gratificação racial é também a vantagem de ter sua presença no espaço público legitimada a priori, já que não está sujeita à caracterização que afeta outras pessoas. E esse direito de ir e vir como quiser não se limita aos territórios ocidentais.

É inclusive isso que torna ridícula a ideia de James Bond ser interpretado por um ator de ascendência africana se o roteiro se passar nos dias de hoje. Isso supondo que a figura do próprio Bond ainda seja interessante no século 21... O papel do personagem é enfrentar adversários do Ocidente — muitos russos ou similares, na época de Sean Connery e Roger Moore —, ou seja, pessoas que não se orgulham de ser democratas antirracistas, respeitadores dos direitos humanos favoráveis à igualdade. Nos países que dão origem aos adversários de Bond, seria impossível para um agente com um fenótipo não apenas notável mas desvalorizado manter sua presença em segredo, se hospedar nos hotéis mais luxuosos sem chamar atenção, dormir com as mulheres mais bonitas da região, perpetuar o caráter glamouroso da ficção. Senão, esse James Bond afrodescendente teria que ser uma personalidade mundialmente famosa cujas missões a serviço da Coroa seriam ocultadas por essa notoriedade. Sem isso, é difícil imaginar que ele consiga atravessar fronteiras com tranquilidade. Enfim, a noção parece complicada, mesmo que 007 não fosse um homem de pele negra — uma categoria suspeita em todo o mundo —, e sim uma mulher com a mesma tez. Em *Sem tempo para morrer* (2021), o último James Bond, de Daniel Craig, é a personagem Nomi, interpretada por Lashana Lynch, que recebe o número 007. Mas a agente afrodescendente não é a heroína do filme. O herói é o homem branco, um James Bond que sai da aposentadoria para uma missão final. Ele não é mais 007, mas continua sendo o único Bond, James Bond.

Culpar os produtores das aventuras do agente inglês não faria sentido. Eles se deparam com realidades que vão além do simples respeito ao personagem criado por Ian Fleming[48] e colocam em risco a rentabilidade da série, que tem que continuar a fazer o mundo inteiro sonhar com o Ocidente. Um Bond que os homens de todo o planeta não identificassem como representante da masculinidade triunfante teria poucas chances de render uma grande bilheteria. Na verdade, esse poder não é permitido aos personagens de ascendência subsaariana: mesmo quando oferecemos a eles o reino imaginário de Wakanda, esses homens não se caracterizam nem pela força nem pela inteligência. Um Bond que fosse impedido de se movimentar como bem entendesse apenas aceleraria a chegada do crepúsculo dos deuses. Ao longo das décadas, as aventuras de James Bond levaram

48 Ian Fleming escreveu 14 aventuras de James Bond, todas adaptadas para o cinema. Outros autores foram então recrutados para continuar a dar vida ao personagem.

o agente secreto a Turquia, Hong Kong, Índia e Japão, mas também a países europeus sem história afrodescendente, como a Áustria e a Grécia. Ainda hoje, a maioria desses destinos não permite que um afrodescendente imagine a liberdade de movimento de que Bond deveria desfrutar.

A branquitude é aceita em todos os lugares, quando não bem-vinda. É gratificante acolher seu turismo, seus desejos pelo exotismo e a desordem que decorre daí. Sem nunca se questionar e provavelmente convencidos de que isso comprova sua abertura e seu desejo de confraternização, os brancos são os únicos, por exemplo, a adotar crianças de todas as origens e cores de pele. Contudo, em uma questão tão sensível quanto essa, a ausência de reciprocidade cria um problema e diz algo sobre o que é erroneamente denominado "privilégio branco". O consentimento das outras pessoas também garante sua perenidade. O fato de crianças caucasianas vindas ao mundo em circunstâncias difíceis, abandonadas pelos pais, serem acolhidas em famílias não ocidentais não ocorre espontaneamente a ninguém e é algo raramente praticado. Isso acontece porque a imaginação do mundo foi em grande parte infectada pela ficção racial concebida no Ocidente. O homem branco se tornou tanto o modelo quanto o adversário de todos. Essa situação excede em muito seu desejo inicial, mas reforça uma dominação que hoje o encarcera. O poder, mesmo simbólico, pode se tornar um fardo pesado. Principalmente depois que todas as nossas forças foram mobilizadas para adquiri-lo e consolidá-lo. Devemos reconhecer que aqueles que se denominavam brancos não pouparam esforços para se manter acima dos outros humanos com base na raça, porque o Ocidente muitas vezes explicava seus avanços técnicos pela superioridade intelectual baseada na genética.

No que diz respeito à maneira como os polos branco e negro se estabeleceram no contexto colonial, os psicanalistas Sophie Mendelsohn e Livio Boni escreveram:

> Embora "negro" seja definido apenas como um sinal de "não branco", "branco" nunca é construído no espaço simbólico como signo do "não negro": existe um referente, o branco, e existe o que se constrói em referência a esse referente, por comparação a ele. Como referente, o branco opera no limite das possibilidades do simbólico, como significante que significa a si mesmo.[49]

Nas sociedades ocidentais do nosso tempo, o que deve se referir ao branco é chamado de "diversidade", termo que designa categorias subsidiárias e

---

49 BONI, Livio; MENDELSOHN, Sophie. *La vie psychique du racisme*. 1. L'empire du démenti. Paris: La Découverte, 2021. p. 101, tradução nossa.

acessórias. Elas não têm vocação para servir de modelo. A linguagem que recorre ao termo "diversidade" para descrever grupos que fazem parte da sociedade valida o confisco à igualdade. E, claro, se o branco se refere apenas a si mesmo, se é ele que escapa a qualquer comparação quando é o padrão para todos os outros, ele se *desracializa* de verdade, ao menos aos próprios olhos. É por isso que ser considerado branco é tão difícil para um grande número de ocidentais de ascendência apenas europeia. O sucesso do colonialismo permitiu que a branquitude se estabelecesse como referência, mas o que hoje consolida seu poder vai obviamente além dessa época e de sua violência brutal. É também pela capacidade de apresentar o ambiente criado por ela no Ocidente como algo aberto a todos e capaz de ser incorporado de forma extravagante por indivíduos de origens variadas que a branquitude torna desejáveis suas propostas sociais. As desigualdades persistem, mas ninguém negará o hedonismo das sociedades ocidentais, as oportunidades oferecidas aos grupos minorizados de gênero — o liberalismo demonstrado em termos de orientação sexual, por exemplo. Visto de fora, esse universo parece governado pelo desejo e pelo prazer, termos que se aplicam tanto ao consumismo quanto às aspirações mais pessoais dos indivíduos. E, se o Ocidente é seguido de perto por outros e por vezes derrotado nas searas econômicas ou militares, sua superioridade simbólica é reforçada pelas liberdades oferecidas àqueles que, fora dele, continuam a se curvar sob o jugo de tradições pouco humanistas. O caldeirão étnico que caracteriza as sociedades euro-americanas e a ascensão social de pessoas de fenótipos diferentes — vista mais nessas mesmas sociedades do que em qualquer outro lugar, devido ao passado colonial dessas nações — parecem confirmar um desejo de acabar com a hierarquia racial criada vários séculos antes.

No entanto, as vitórias de pessoas oriundas de grupos minorizados são, na maioria das vezes, exceções que não protegem contra o racismo, como pudemos ver em muitas ocasiões. Elas contribuem mais para o sistema desigual do que para sua destruição: quando filmes que apresentam super-heróis negros são um triunfo de bilheteria, os estúdios enriquecem muito mais do que os atores, para dar apenas um exemplo. Além disso, o sucesso não confere qualquer poder real aos envolvidos — apenas amplia a postura do homem que dançava sobre o barril para agradar seres superiores que lhe atiravam moedas, satisfeitos com sua aceitação do outro. Os integrantes de grupos minorizados, quando avançam socialmente, são de certa forma vigiados, sujeitos a um escrutínio permanente, a uma gratidão imposta, que exige que se destaquem da massa de pessoas de mesmo fenótipo. Eles devem constantemente dar provas de boa orientação intelectual e política, mostrar que não têm nada a ver com os desordeiros, os vingativos, os que resistem fortemente ao perdão e ao esquecimento. Sob o regime da branquitude, os lugares de poder são facilmente reconhecíveis. Eles se distinguem pelo caráter monocromático, o que nos faz questionar o nervosismo do nacionalismo europeu do nosso tempo, com a sua obsessão pela demografia do continente africano e pela ameaça que ele representaria para a Europa.

A diferença fundamental entre a nossa época e o período escravagista colonial nas Américas reside no fato de que é inútil recorrer a legislações racistas para manter a máquina em funcionamento. A mecânica discriminatória foi bem ajustada, as coisas funcionam sozinhas e, no século 21, encontram-se ainda meios de explicar o fato de certos ambientes não parecerem abertos a todos. Por isso, seria interessante perceber por que, num país como a França, os sindicatos mais importantes são liderados apenas por pessoas brancas. Os trabalhadores, os assalariados, aqueles que precisam fazer valer seus direitos e mudar a lei não são todos brancos. Mas os que não o são, sem dúvida, seriam confrontados por uma falta de representatividade, ou seja, veriam que um grande número de pessoas brancas, mesmo em 2023, não seria capaz de reconhecer plenamente sua humanidade, sua condição social, suas aspirações e suas lutas em rostos que demonstrassem uma ascendência não europeia. Essas pessoas não são racistas e todas protestariam se essa pergunta fosse feita a elas. Elas, inclusive, ficariam ofendidas se sua branquitude fosse mencionada, já que rejeitam essa definição de si mesmas, embora não desprezem os benefícios que ela lhes traz.

No território europeu da França, na verdade, é em grande parte a questão colonial que revela o apego mais ou menos consciente à branquitude. Ao contrário dos Estados Unidos, mas assim como em outros países europeus com uma história escravagista semelhante, foi em regiões distantes que a França praticou a escravização de subsaarianos deportados e dos descendentes deles. Portanto, o país se acostumou, durante muito tempo, a não abordar a questão racial gerada pela presença de afrodescendentes ocasionada por uma história escravagista. Ainda hoje, para uma grande parte dos cidadãos franceses, o assunto parece distante, quase exótico. A colonização de mais de dez países da África Subsaariana trouxe para o território europeu da França um número de indivíduos que, com o tempo, suplantou a quantidade de pessoas vindas por causa da escravidão colonial. Como os subsaarianos se estabeleceram na França continental e a maioria dos nativos das Antilhas, da Guiana Francesa e da Ilha da Reunião permaneceram nas ilhas — que se tornaram territórios franceses além-mar —, a questão colonial relegou o escravagismo ao segundo plano. Isso porque a África Subsaariana, muito mais populosa que todos os territórios franceses localizados no Caribe, no Oceano Índico e no Pacífico,[50] forneceu rapidamente um número de imigrantes — e de descendentes — considerável o bastante para impor no país uma presença africana. Além disso, devemos ressaltar a força do continente africano em questões geopolíticas, econômicas e culturais para entender que o Estado francês se dedicou a implementar uma política de memória colonial. Mas qual delas?

A história colonial só foi examinada dessa maneira recentemente. Por muito tempo, considerou-se que os historiadores que se dedicavam a ela trabalhavam em um assunto desnecessariamente excludente por ser menor. Eles tinham se especializado em um campo pouco prestigioso, um beco sem saída. Era sobretudo através da imigração que a questão era abordada, o que explica por que a França tem um Museu Nacional de História da Imigração,[51] em Paris,

---

50 Pouco se fala sobre isso, mas a escravização colonial francesa também afetou os melanésios e os polinésios.

51 Também chamado de Musée de la Porte Dorée ou Palais de la Porte Dorée (Museu ou Palácio da Porta Dourada), ele se situava no prédio de uma instituição que teve vários nomes: Museu das Colônias e da França Exterior (1932), Museu da França Ultramarina (1935), Museu de Artes Africanas e da Oceania (1960) e Museu de Artes da África e da Oceania (1990-2003). Em 2003, o museu foi fechado e o prédio foi cedido, no ano seguinte, à CNHI, Cidade Nacional da História da Imigração. O Museu Nacional de História da Imigração foi aberto em 2007. Sua inauguração ocorreu sete anos depois, em 2014. Esses acontecimentos nos permitem apreciar a facilidade com que o tema da colonização é abordado na França. Quase não é possível discuti-lo, já que o termo "imigração" se tornou um balaio de gatos que supostamente contém tanto a história da presença francesa nas regiões do mundo onde ela se impôs quanto a dos colonizados ou dos descendentes deles no território europeu da França.

apesar de não ter uma instituição desse tipo sobre a escravização e a colonização propriamente dita. Em 2007, ano eleitoral — portanto pouco propício ao lançamento de grandes projetos que se pretende realizar —, Jacques Chirac confiou uma missão ao poeta-filósofo Édouard Glissant: criar, na capital francesa, um Museu do Comércio e da Escravização. A ideia foi descartada pelo chefe de Estado seguinte, que se manifestou contra o que considerava um gesto de arrependimento. Era muito mais importante para ele criar um Ministério da Identidade Nacional.[52] A missão de Édouard Glissant deixou como único vestígio um livro chamado *Mémoires des esclavages*,[53] que não foi exatamente um best-seller. Ao assumir o lugar de identitarista, François Hollande não se distinguiu por atos contundentes nessa seara. No máximo, limitou-se a fazer o país financiar em parte um monumento chamado Memorial ACTe, para que sua função ficasse bem clara para todos. Localizado na Ilha de Guadalupe, o Memorial ACTe é um lugar que nos lembra da escravização, mas não tem abrangência nacional. Usando um projeto retirado

---

52 O nome completo do ministério era: Ministério da Imigração, Integração, Identidade Nacional e Codesenvolvimento. O termo "Desenvolvimento Solidário" substituiu depois "Codesenvolvimento". Ativo de 2007 a 2010, o ministério, malvisto na França — onde as pessoas podem ser xenófobas e racistas, mas não a ponto de confiar essas tendências ruins a uma instituição governamental —, acabou por ser abolido.

53 Gallimard, 2007.

da gaveta de seu antecessor, Emmanuel Macron prometeu a criação oficial de uma Fundação para a memória do tráfico de escravizados, da escravatura e da abolição de ambas. E, embora tenha sido anunciada pelo presidente da República — em 1918 —, hoje ela é uma instituição privada que deve buscar recursos financeiros de forma independente. O apoio estatal continua pequeno, como acontece com qualquer organização não governamental. Logo, tudo nela depende do interesse público sobre o assunto.

No entanto, o imaginário francês não trata a memória da escravização como uma questão primordial e, para poupar sensibilidades, é impossível abordá-la sem marcar primeiro o caminho. Por isso é de bom-tom deixar claro que falaremos sobre o tráfico de escravizados e sobre as abolições. A menção ao comércio deve ser entendida da seguinte forma: africanos vendiam africanos. Às abolições significa: a França pôs fim a esse horror. Ao encarar esse assunto, a branquitude francesa nunca deixa de nos impressionar pelo relativismo moral que demonstra. Além do fato de os africanos da época das deportações transoceânicas só terem existido no imaginário das pessoas que os criaram — e não no continente em que ninguém se definia como tal, o que deve ser sempre lembrado —, precisar apontar os defeitos dos outros para justificar os próprios crimes sempre nos deixa perplexos. Poderíamos dizer, por exemplo: "Tudo bem, eu estuprei essa mulher, mas o irmão dela já tinha feito isso antes" para nos absolver dessa responsabilidade? E poderíamos acrescentar que, desde então, aprovamos uma lei para punir o estupro, coisa que atenuaria o crime? Isso é o que vem sendo praticado na França há décadas. Esse defeito é obviamente encontrado nos raros dramas televisivos que o serviço público aceita dedicar às Antilhas, já que as outras regiões ultramarinas são ainda menos representadas[54] nos canais nacionais.

Em *Le rêve français*, por exemplo, um filme para a TV em duas partes,[55] a história, que começa com a criação do Bumidom[56] em 1963, apresenta rapidamente a maior parte dos problemas sociais das Antilhas de meados do século 20 até o início do século 21. Ou seja, em dois episódios de aproximadamente 90 minutos cada um, os telespectadores eram

---

54 Até hoje nunca tive o prazer de ver, num canal de televisão nacional, um filme de ficção com polinésios, ameríndios da Guiana ou *marrons* da Ilha da Reunião, por exemplo. Em 2013, *Kanak, l'histoire oubliée*, um filme biográfico para televisão sobre o jogador de futebol Christian Karembeu, foi usado como ferramenta para abordar trechos da história francesa dos Canaca. Desde então, eles não tiveram mais o privilégio de serem apresentados aos cidadãos de seu país.

55 LE RÊVE français. Direção: Christian Faure. Produção: Eloa Prod. [*S. l.*]: France 2, 2018. Streaming (186 min).

56 Gabinete para o Desenvolvimento da Migração nos Departamentos Ultramarinos. Fundado em 1963 por Michel Debré, a missão desse organismo público era apoiar a migração de nativos dos departamentos ultramarinos para a França continental. Ele foi dissolvido em 1981.

confrontados com a migração dos antilhanos para a França europeia, com a independência do Caribe, com o massacre de maio de 1967 em Guadalupe, com a desilusão dos emigrados do Bumidom, com o mal-estar de certos jovens antilhanos de hoje (que pode levá-los ao islamismo), com o escândalo da clordecona e com o racismo institucional e individual. E devo estar esquecendo alguns outros. Esse jeito de pôr tudo num mesmo saco permite matar vários coelhos com apenas uma cajadada na lista das "obrigações para com as Antilhas", o que dispensa a necessidade de produzir, por muito tempo, novas ficções que evoquem a história desses territórios franceses. O processo é muito bem costurado. O cruzamento desordenado de décadas de experiência antilhana em Guadalupe e na França europeia impede que nos apeguemos às personagens, o que não ajudou *Le rêve français* a se tornar um clássico através do qual os franceses se apropriaram de capítulos importantes de sua história. Estamos longe de *Roots*, que, apesar das falhas que podemos encontrar com o tempo, teve o mérito de trabalhar com um período muito longo — desde a captura do ancestral na África — e de tecer a trama afrodescendente na história da nação. *Le rêve français* não só não atinge esse objetivo, apesar do título caracterizado por certa opacidade, mas também manda os personagens principais de volta para Guadalupe, ou seja, para o país natal, depois que um deles salva o neto e a nora da escravização subsaariana. O filme — sobre o qual me é difícil falar das cenas ou mesmo analisar o sentido geral — termina também evocando uma conferência que será realizada no Memorial ACTe sobre o tema da escravatura moderna.

Ninguém menciona a escravatura colonial nas Antilhas, apenas aquela que ainda se espalha pela Mauritânia, onde afeta sobretudo os negros. O círculo se completa com a escravatura moderna, um flagelo que atinge todos os continentes. Dado que não há escravização francesa no filme, é de se perguntar por que toda a história é contada a pessoas que acabaram de ser resgatadas das garras de traficantes de escravizados árabes vindos de um país subsaariano, e por que o Memorial ACTe é o palco onde é urgente falar sobre a escravidão moderna. Não sabemos se uma forte sugestão, uma instrução mal velada, foi transmitida nesse sentido tanto ao diretor quanto ao produtor. Não sabemos se eles, antecipando a ordem para terem a chance de trazer um pouco da experiência antilhana para os lares franceses, fizeram o que tinham de fazer, conhecendo a reação dos investidores. Seja como for, *Le rêve français* acompanha os costumes do país em relação à escravização colonial: ele põe os outros numa saia justa e alivia a própria consciência ao enumerar os crimes cometidos no exterior. Será mesmo necessário especificar aqui que a Mauritânia nunca se orgulhou de ser o país dos direitos humanos nem disse que estava civilizando ninguém? Ainda não ficamos sabendo que tenha desenvolvido essas ambições. Mesmo quando tenta se agarrar aos argumentos mais frágeis para fugir das suas responsabilidades, é curioso e preocupante ver a França, orgulhosa origem do Iluminismo, se deixar levar por tais comparações. E que ligação podemos estabelecer entre a escravatura colonial e as chamadas formas modernas de servidão? A resposta se dissolve no nada.

No entanto, o que podemos afirmar é que nenhuma das duas formas de escravidão mencionadas no filme redesenhou o mundo como a praticada pelos europeus ocidentais nas Américas fez. Não são esses outros crimes que explicam a presença de descendentes de subsaarianos deportados para vários territórios franceses não europeus. A política infantil do "foi o outro que começou" impede o país de examinar adequadamente sua história de escravatura não só para a era atual, mas ainda mais para o futuro. Como não transmitir ressentimento nem culpa quando sempre batemos em retirada diante do passado, ao mesmo tempo que nos agarramos aos bens que dele obtivemos? Porque é sobretudo às antigas colônias — e aos seus outros territórios não europeus — que a França deve o seu poder amplo, essa presença nos mares do globo que lhe permite ter a segunda Zona

Econômica Exclusiva[57] do mundo, atrás apenas dos Estados Unidos. No entanto, os franceses dessas antigas colônias não ocupam, nas representações que o país tem de si mesmo, da sua história e cultura, um lugar equivalente ao dos afro-americanos nos Estados Unidos. Muitos elementos poderiam explicar a situação sem justificá-la, primeiro pelo fato de o território fragmentado da França ter produzido experiências muitas vezes diferentes, quando a história afro-americana foi permanentemente escrita na dos outros habitantes do país e vice-versa. A França pôde fingir que esqueceu, enquanto os Estados Unidos, onde todos, exceto os nativos norte-americanos, devem sua presença à migração — consentida ou forçada — não tiveram esse prazer.

Existem, além disso, mais de 46 milhões de afro-americanos nos Estados Unidos (entre pouco mais de 330 milhões de habitantes), enquanto a população combinada das quatro antigas colônias francesas chega a aproximadamente 2 milhões de pessoas (entre aproximadamente 68 milhões de habitantes), se reunirmos todos os grupos étnicos. A influência de que os dois grupos desfrutam, no que diz respeito à definição de si mesmos desenvolvida pela nação da qual fazem parte, não é comparável, portanto.

---

57 Território marítimo sobre o qual um Estado, por ser um território costeiro, tem soberania econômica em relação à exploração e utilização de recursos.

Contudo, podemos imaginar que uma nação que reivindica a paternidade dos direitos humanos deveria criar políticas mais proativas para uma parte da sua população, cuja particularidade é dever sua existência a um crime contra a humanidade que teve participação ativa da França. Em todo caso, a importância da África para um Estado francês ainda atormentado por uma espécie de nostalgia colonial, a feroz concorrência que ele enfrenta agora praticada por outras potências presentes no continente africano, cheio de recursos essenciais a todas as nações industrializadas, o mercado que ele representa devido à crescente demografia e a presença de um número cada vez maior de imigrantes subsaarianos na França impuseram a questão colonial ao país europeu. Isso deveria, em princípio, envolver as antigas colônias, a escravatura e suas consequências, e até a departamentalização,[58] constituindo claramente uma história colonial.

A branquitude, que se manifesta de forma vigorosa na França quando determinados temas chamam atenção, trata sua experiência colonial com distanciamento. A forma como a França foi transformada

58 Lei n. 46-451, de 19 de março de 1946, que classifica Guadalupe, Martinica, Reunião e Guiana Francesa como departamentos franceses. Disponível em: www.legifrance.gouv.fr/loda/id/JORFTEXT000000868445?init=true&page=1&query=Loi+n%C2%BA+46-451&searchField=ALL&tab_selection=all. Acesso em: 13 mar. 2025.

por essa parte da sua história não é mencionada. A experiência íntima dos franceses que nasceram ou se estabeleceram em países colonizados é pouco conhecida.[59] Ela constitui uma história rica e complexa, mas ocupa pouco espaço na literatura francesa. O colonialismo, na França, limita-se ao que outros vivenciaram quando os franceses foram até seus países — não para os encontrar, mas para que começassem a existir, para revelar sua presença ao mundo. Antigamente, usávamos o termo "descoberta" para designar o processo pelo qual o olhar europeu, ao pousar no que devia ser um vazio sideral, fez surgir subitamente territórios e povos. Por isso, não podia haver uma história comum, embora essa expressão seja frequentemente usada pelos atores políticos. Não existe história dividida entre o Criador e suas criaturas, não existe fraternidade possível. O colonialismo, na França, é a história dos outros, não dela mesma. Ao contrário do que poderíamos pensar, dadas as estratégias usadas para ignorar a história da escravatura colonial e restringir a questão ao domínio acadêmico o máximo possível, a França não se recusa totalmente a relembrar a era colonial. Ela achou uma maneira de encará-la que permitiu manter o controle, valorizar um poder antigo que ainda lhe assegura certa capacidade de dominar, pelo

---

59 Com exceção da Argélia.

menos na África. É isso que revela seu apego aos artefatos subsaarianos armazenados em seus museus, e guardados sobretudo em outros locais, já que apenas 10% das peças conservadas são expostas ao público.

Ficamos surpresos ao ver que a relação estreita do país com esses objetos não seja questionada. Especialmente agora, já que muitos dizem que os franceses são vítimas da insegurança identitária, do medo de uma dissolução dela em meio à africana. O que significa então a necessidade de possuir objetos retirados de um continente odiado? Após séculos de contato com pessoas dessa região do mundo, os franceses não absorveram nenhuma palavra de uma língua subsaariana na linguagem usada no dia a dia. Não estamos falando de termos supostamente emprestados dessas línguas e afrancesados, já que eles foram alterados. Também não estamos falando do vocabulário que reflete as mutações do francês nos países subsaarianos. Essas palavras, que por vezes chegam ao dicionário, despertam entusiasmo e podem ser adotadas porque confirmam a permanência da influência cultural francesa no sul do Saara. Bem recebidas na França, apesar de não serem amplamente utilizadas, as palavras dos chamados franceses africanos sugerem que não foi tão horrível assim proibir as crianças subsaarianas em idade escolar de falarem sua língua materna e humilhá-las quando faziam isso. Elas criam a impressão de uma aceitação alegre da mudança de identidade imposta aos subsaarianos. Mas o que diria a inclusão de palavras estritamente subsaarianas no léxico cotidiano dos franceses?

O único exemplo conhecido foi limitado a certo lugar e certo momento: o uso da palavra "vuvuzela". Ela teve que ser usada durante a Copa do Mundo de 2010, realizada na África do Sul. Na época, era difícil escapar ao som estridente do instrumento, comentar a competição sem mencioná-lo. Mas a trombeta sul-africana e seu nome se mantiveram no país africano. Os torcedores europeus que queriam adotá-las tiveram que enfrentar a proibição da vuvuzela na Europa. A verdade é que foi decretado que sua adoção distorceria a prática europeia do futebol, o que significa que a vuvuzela representava uma ameaça identitária. Será que algum dia palavras serão suficientes para expressar nosso espanto diante dessa recusa à mais leve influência estrangeira na identidade francesa, ainda mais por parte de pessoas que recorreram à violência para propagar todos os aspectos de sua cultura pelo mundo, destruindo muitas outras nesse processo? Seja através da palavra "vuvuzela" ou de outra, as línguas subsaarianas não foram convidadas a entrar na famosa civilização do universal que se basearia em múltiplas contribuições. E ninguém pretende forçá-las a fazê-lo, já que continuam a ser usadas no continente africano. Mas então, se essas línguas são consideradas estrangeiras demais, diferentes demais, portadoras de perturbações de identidade graves demais para que nos arrisquemos a assimilar a menor das palavras, o que se pode dizer sobre os artefatos presos nos museus?

Esses objetos materializam uma visão de mundo veiculada por línguas que não emprestaram nem um único termo ao francês. Mantê-los depois de lhes conferir um status diferente do original e não fazer nada de muito específico com eles, apesar de se destinarem a usos concretos, é definir a si mesmo pela violência exercida, a ponto de ter que manter esses itens custe o que custar. É proclamar a branquitude que ninguém tolera que seja nomeada. Afinal, o que vamos admirar quando vamos a museus dedicados ao encarceramento de parte da alma subsaariana, senão o prestígio adquirido através da violência e da expropriação? Não são as criações de outros povos que queremos ver. É o poder do próprio gesto predatório que deve ser renovado de maneira infinita. Foi com essa exibição de si mesmo através do corpo fetichizado do outro ou de criações expropriadas que a França decidiu escrever a própria memória da era colonial. Quando vamos a um museu europeu que expõe objetos subsaarianos, nunca somos confrontados com uma história comum, porque ela não existe. Reduzido ao silêncio nesse caso, o outro apenas surge para mostrar a alteridade conquistada e, ainda por cima, roubada dela mesma. Resumindo, o que é oferecido aos olhos é um espetáculo permanente de profanação, e com a garantia de impunidade total, já que adotamos leis que permitem a receptação perpétua dos espólios coloniais.

Não estaríamos exagerando se falássemos aqui de sacrilégio, pois um grande número de objetos tomados dos legítimos proprietários tem caráter sagrado. Esse aspecto do assunto também é muito interessante e muito pouco examinado com a seriedade que merece. A colonização europeia teve, sim, um componente religioso, já que evangelizou pessoas que tinham crenças e relações próprias com o divino. Foi em nome de um deus mais verdadeiro, cuja mensagem pretendia ser universal, que o povo subsaariano se livrou de seus objetos de culto — que, no entanto, foram mantidos na França. O verdadeiro deus hoje foi esquecido na França, mas ela continua a exibir, em seus museus, artefatos antes considerados satânicos. Não é apenas o Deus cristão que está sendo descartado hoje em dia, mas boa parte dos valores e do modo de vida que o acompanhavam. A França da nossa época, que quer ser melhor que a de seus pais, sobretudo através do progressismo — e usamos essa palavra sem tentar defini-la, pois seu significado é muitas vezes evasivo —, parece diferente da França que abateu os subsaarianos, obrigando-os a se remodelar para que não fossem condenados à morte. Hoje, é preciso reaprender a fazer parte de tudo que é vivo, renunciar ao que foi apresentado como o ápice da modernidade, redescobrir a frugalidade e a naturalidade. Agora faz sentido combater a forma de patriarcado que foi imposta aos subsaarianos e que minou o poder das sociedades femininas. A exposição do corpo feminino é hoje um ato de liberdade, a afirmação de uma soberania, mas nossas antepassadas que viviam com os seios nus eram vistas como selvagens. Os povos subsaarianos são informados de que raças não existem, tudo aconteceu por culpa da ignorância de antecessores, mas, como isso não muda nada na vida deles, os africanos devem manter a raça que lhes foi atribuída. Ouvem que devem aceitar todas as formas de sexualidade, quando muitos deles o faziam, mas tiveram que aprender que o verdadeiro deus via aquilo como uma abominação.

E, enquanto esse discurso é mantido, o que não medimos é a reiteração da violência. Primeiro, pisoteamos as crenças das pessoas em nome de crenças próprias, que elas foram obrigadas a adotar. Depois, explicamos que as ideias em que acreditávamos eram apenas disparates obscurantistas e que agora é preciso ser racional. Então o "Deus Todo-Poderoso" que foi invocado nas primeiras linhas da Ata Geral da Conferência de Berlim, que em 1885 selou a divisão da África entre europeus ocidentais, era apenas uma piada de mau gosto? O que foram então aqueles que aceitaram o cristianismo e o transmitiram a seus descendentes? Que seja dito claramente, agora é a hora. Porque muitos subsaarianos reivindicam e não pretendem esquecê-lo. A branquitude gostaria agora de transformar entre os povos subsaarianos o que ela antes oferecia como vetor de civilização e até de humanização. A quantas mutações identitárias podemos submeter os outros, a que ritmo e em nome de que exatamente, senão da superioridade ocidental? A França atual, secularizada, só preservou, da época em que era obrigada a evangelizar selvagens, a certeza de deter verdades reveladas. Devemos então acompanhá-la em todas as suas reviravoltas, coisa que os subsaarianos do século 21 não têm vontade de fazer — e sua relutância às vezes é vista como fanatismo.

É impossível exigir que as pessoas se joguem no esgoto sempre que decidimos fazer isso. Por não conseguirem retraçar os caminhos apagados de seus antepassados, que não eram africanos nem negros, os subsaarianos do século 21 têm de se bastar com as identidades danificadas que a colonização europeia lhes deixou. Apesar de consumirem voluntariamente os produtos da modernidade, os desenvolvimentos sociais trazidos por eles, apresentados como progressistas, já não os atraem. E, sobre o debate que agora fazem do terreno privilegiado da resistência à opressão, a determinação deles pode surpreender. Não importa o quanto os chamemos de conservadores, ou até de reacionários, eles se vangloriam disso e se sentem à vontade para fazê-lo por causa do surgimento, na cena internacional, de potências que se opõem ao Ocidente e relutam em adotar a moral dele. Para muitas delas, é também assim que vão se libertar da influência colonial. Vemos isso, por exemplo, no que era chamado de *pré carré*, onde a vontade de expulsar o antigo colonizador também se manifestava em termos de moral, embora esse aspecto da questão não seja frequentemente mencionado pelos observadores.

Depois de ter debatido o assunto por muito tempo e ter evitado os especialistas, a França hoje gosta muito do discurso sobre o colonialismo feito por ex-colonizados ou pelos descendentes deles. Eles são convidados a entoar dia e noite o lamento dos vencidos, sabendo que isso não dará origem a muitas obras audiovisuais de ficção. Essas produções são raras, o que significa que a representação sensível, concretizada, que permite a identificação com irmãos humanos, não é incentivada. Normalmente, é nos documentários que os vencidos são convidados a lamentar. Ao contrário da ficção, os documentários sobre o colonialismo são cada vez mais comuns na televisão francesa.[60] Embora não sejam transmitidos com frequência nos principais canais nem no horário

---

60 TOUS les documentaires "colonisation" et articles. *Les Docus*, c2025. Disponível em: www.les-docus.com/tag/colonisation/. Acesso em: 17 mar. 2025.

nobre, alguns são anunciados como representações de eventos reais. Podemos citar, por exemplo, *Colonisation, une histoire française*,[61] uma série documental em três partes, coproduzida pela France Télévisions e transmitida em outubro de 2021. A ideia dela era beber até a última gota do cálice da violência colonial perpetrada pelo Estado francês, uma operação que exige a degradação daqueles que, mesmo quando solicitados a expressar seus protestos, também reconheciam como a atitude deles não tinha nenhuma consequência real.

O crime desonra, mas os questionamentos vãos não trazem nada de bom. Menos ainda quando é o legatário do criminoso que decide quando e como vai receber as acusações. Convocar as vítimas a exporem suas feridas é uma das grandes especialidades da branquitude francesa, que assim se utiliza dos outros para não analisar as próprias atitudes. Por que dar voz a pessoas às quais não temos nada a dizer? Ainda desprovidos demais de representações e sem poder atribuí-las a si mesmos, os ex-colonizados e seus descendentes costumam correr para garantir que sua voz participe do coro choroso. Eles sabem que sua participação — logo, sua voz — estará sujeita à edição, que o tom de seus gritos será ajustado

---

61 COLONISATION, une histoire française. Direção: Hugues Nancy. [*S. l.*]: Agat Films/David Coujard: France Télévisions, 2021. Streaming (181 min).

conforme o diretor preferir. Então, qual é a novidade? A confissão do herdeiro do infrator ou a do colonizado? Porque, na verdade, um ato de contrição em duas partes é oferecido aos espectadores: na primeira, são explicados os erros cometidos contra os outros; na segunda, as falhas deles mesmos são reveladas. E tudo para por aí. Nada de extraordinário pode acontecer depois de tamanho circo, especialmente porque apenas aficionados terão assistido ao espetáculo. Os outros, muito mais numerosos, terão mudado de canal tranquilamente.

Não que a França seja incapaz de produzir dramas televisivos baseados em episódios marcantes da história colonial do país e de permitir que sejam lembrados não através de outros, mas com eles. Em 6 de abril de 2013, a France 3 transmitiu *Les pirogues des hautes terres*,[62] filme que pode ser visto há vários anos no canal do diretor no YouTube.[63] Disponibilizar a própria criação dessa forma é a maneira mais segura de atingir um público amplo. Infelizmente, é necessário sabermos da existência do canal no YouTube, obviamente criado com o único propósito de exibir o filme, pois ele disponibiliza apenas o longa-metragem e seu trailer. *Les pirogues des hautes terres*

62 LES PIROGUES des hautes terres. Direção: Olivier Langlois. Produção: Françoise Castro e Philippe Perrin. [*S. l.*]: Olivier Langlois, 2017. Streaming (95 min).

63 Disponível em: www.youtube.com/@boisdulac. Acesso em: 17 mar. 2025.

relata o surgimento, no Senegal, da primeira e sem dúvida mais importante greve da história colonial francesa na África Ocidental. Ousmane Sembène, escritor e cineasta senegalês, também lembrou esse momento da história em seu romance *Les bouts de bois de Dieu*.[64] Muitos outros movimentos sociais precederam e sucederam a essa greve, mas ela teve a particularidade de mobilizar, durante cinco meses e alguns dias, os 20 mil trabalhadores ferroviários da linha Dakar-Níger. Olivier Langlois, o diretor, inicia a narração evocando a repressão de uma greve de ferroviários em setembro de 1938, cerca de dez anos antes daquela que é mostrada em seu filme. Vemos o uso da artilharia contra os grevistas, que acabam sendo fuzilados. Naquela ocasião, soldados coloniais foram usados contra trabalhadores africanos. Isso costumava acontecer, o que nos convida a complicar um pouco o discurso laudatório dos afrodescendentes franceses em relação aos que eram chamados de *tirailleurs*.[65] Instrumentos de repressão e do terror colonial, eles também foram vítimas do regime.

O fato de indivíduos que servem a um sistema opressivo contra eles adotarem seu ponto de vista e

64 Primeira edição publicada em 1960, disponível pela editora Pocket desde 2002.

65 N.E.: No século 19, eram chamados assim os soldados da infantaria; mas também era um termo usado para se referir a todos os recrutas que provinham das antigas colônias (Argélia, Senegal, Marrocos, Tunísia etc.).

suas ações é, inclusive, muito comum. Especialmente quando servir a esse sistema confere uma forma de poder. Foi exatamente o que aconteceu quando policiais afrodescendentes de Memphis espancaram e acabaram por matar um jovem afro-americano. A história trágica da morte de Tyre Nichols provocou, na França, os comentários esperados da branquitude. No dia 30 de janeiro de 2023, os espectadores da France Inter puderam ouvir, desde a madrugada, anúncios sensacionalistas sobre o acontecimento, que seria discutido no programa de Fabienne Sintes no fim do dia.[66] "Policiais que também eram negros" tinham espancado um jovem negro. Era o caso de George Floyd ao contrário e ninguém entendia aquilo. No entanto, quem melhor do que os franceses poderiam saber que, na verdade, se tratava da mesma história? Todo colonizador sabe disso. Ainda mais depois que ele conseguiu dar a seus asseclas o poder de governar países, apoiando ditaduras durante décadas. Eu não assisti ao programa de Fabienne Sintes dedicado ao escândalo que a França precisava urgentemente analisar, mas sei que os crimes cometidos contra o povo pelos comparsas do colonialismo francês não foram abordados. A forma como o

66 MORT de Tyre Nichols, um déchaînement de violence. [Locução de]: Fabienne Sintes. [*S. l.*]: Un jour dans le monde, 30 jan. 2023. Podcast. Disponível em: www.radiofrance.fr/franceinter/podcasts/un-jour-dans-le-monde/un-jour-dans-le-monde-du-lundi-30-janvier-2023-7197254. Acesso em: 17 mar. 2025.

filme de Olivier Langlois começa com certeza não foi explicada com a profundidade histórica necessária quando a obra foi transmitida na televisão.

Poucos anos depois da tragédia que abre *Les pirogues des hautes terres*, em 1944, no campo de Thiaroye, ainda no Senegal, o exército francês matou várias dezenas de *tirailleurs* que exigiam seu salário. Eram soldados franceses que não eram vistos como tal pelos superiores. Mas eram os soldados que podiam receber ordens de abrir fogo contra civis subsaarianos. *Les pirogues des hautes terres* começa relembrando um assassinato porque ele realmente aconteceu e porque o diretor não resistiu à tentação de mostrar africanos matando outros africanos. Na França, ninguém nunca assume sozinho os próprios crimes. No entanto, a produção é interessante por outro motivo. É por meio de jornadas individuais que o filme dá vida a fatos históricos e aborda as relações humanas sob o regime de dominação. É claro que descobrimos vários aspectos da branquitude no ambiente colonial, as relações específicas que cada um mantém com a população local. Marcel, o encarregado da companhia ferroviária, e Yvonne, a esposa do diretor da mesma empresa, nasceram no Senegal. Mas eles não pertencem à mesma classe. É através do desprezo e da violência contra os senegaleses que Marcel tenta conquistar a superioridade que as origens modestas não lhe conferiram. Ele só pode confiar em seu capital racial e faz isso claramente. Yvonne é filha de um proprietário de terras. Ela é uma burguesa importante, de classe média, com uma casa grande, um imenso jardim e empregados que considera membros da família. Seu mundo desmorona aos poucos, à medida que a greve se arrasta, desferindo duros golpes nos interesses comerciais da colônia, já que as mercadorias não são mais transportadas. As responsabilidades de seu marido, que toma medidas retaliatórias que afetam várias famílias, privando-as de água potável, complicam ainda mais a situação de Yvonne e questionam sua lealdade. O casamento é abalado. Yvonne, que quer continuar amiga dos negros, deixa clara sua generosidade em relação a Amsa, sua empregada, que seus filhos adoram e que retribui o carinho a eles.

Os grevistas se mantiveram firmes apesar das represálias e da violência que se instalou quando a administração trouxe trabalhadores ferroviários da França. Quando Abdou, um dos líderes do movimento, leva um tiro nas costas, Amsa deixa a casa grande diante de uma Yvonne atordoada. Ela não entende. Afinal, havia sido gentil, generosa, e até havia oferecido uma joia para que a empregada pudesse ganhar dinheiro com ela. Yvonne esquece que, em sua mansão, ninguém deixava de expressar, entre pessoas civilizadas e na presença dos criados, o desprezo que nutria pelos colonizados. Amsa abandona esse presente e dá as costas a um mundo que nunca tinha sido dela. Yvonne, nascida no Senegal, acaba preferindo ir para a França com os filhos, abandonando assim o marido, que destruiu o mundo que ela conhecia, privando-a do privilégio da inocência. É da branquitude, ou seja, de um poder que destrói pela recusa em ver o outro como semelhante, que ela tenta escapar. Depois daqueles acontecimentos, que iluminam a todos com mais intensidade, é óbvio que nada mais pode ser como antes.

Em *Les pirogues des hautes terres*, fugir não é o único jeito de um branco tentar ser apenas mais um ser humano entre os outros. É através da trajetória de Pierre-Marie, um jovem médico comunista, que o filme explora esse aspecto. Depois de testemunhar o assassinato de um de seus companheiros de armas senegalês pelos nazistas[67] — que, como descobrimos mais tarde, é o filho de Amsa —, e assombrado pela memória da própria covardia diante da possibilidade da morte, Pierre-Marie aceita ser enviado para Thiès, cidade natal do falecido. As convicções políticas e a necessidade inconsciente de se redimir fazem do

---

67 O filme toma o cuidado de deixar claro que os nazistas consideravam os soldados coloniais sub-humanos, o que é verdade. Existe sempre, mesmo entre os franceses mais bem-intencionados, a obrigação de destacar a indignidade dos outros. Nessa cena, criada para dar sentido ao filme, o crime por si só já era suficiente. Seu caráter racista é, portanto, significativo. Como o massacre de Thiaroye já foi mencionado aqui, não insistiremos na irmandade armamentista à francesa.

jovem médico um aliado dos grevistas e, de forma mais geral, da população local. Ele comete um assassinato para proteger uma criança, e os restos mortais do colono em questão nunca serão encontrados. A própria população guarda o segredo do médico, ajudando-o a fazer o corpo desaparecer. Além disso, se acreditarmos na narração, Pierre-Marie pode ter sido apenas o instrumento de forças ocultas. O colono racista e brutal que morre por suas mãos tinha sido amaldiçoado e sua morte exigida pelos espíritos. Quando a greve termina, culminando na vitória dos ferroviários liderados pelo sindicalista Ibrahima Sarr (1915-1976),[68] Pierre-Marie escolhe ficar no Senegal, onde se casa com uma mulher senegalesa. Esse amor não é mostrado, apenas evocado pela voz da narradora. É ao recusar o poder que ela lhe confere e as desigualdades que a acompanham que Pierre-Marie aumenta sua chance de escapar da branquitude. Ele é médico, claro, mas sobretudo

---

68 Secretário geral da Federação dos Trabalhadores Ferroviários da África Ocidental Francesa, depois político. Ele foi ministro após a independência do Senegal. Foi um dos quatro companheiros de Mamadou Dia (vice-presidente do Conselho do Governo) acusados, como ele, de ter fomentado um golpe de Estado. Preso por Léopold Sédar Senghor com seus companheiros, ele se recusou a pedir o perdão presidencial (proposto em 1968), porque isso significaria admitir um crime que não havia cometido. O perdão foi concedido a todos em 1974 (o grupo havia sido preso em 1962 e julgado e condenado a 20 anos de prisão em 1963). Ibrahima Sarr morreu em 1976, de uma doença agravada pelas condições da cadeia. Quase não o vemos em *Les pirogues des hautes terres*, mas seu nome é mencionado com frequência. O filme gira em torno da greve de 1947-1948, mas não se limita a personagens conhecidos.

homem, e seu comportamento em relação aos que o rodeiam não reflete qualquer noção de superioridade. Por isso, é facilmente adotado pela população e se torna um filho, um irmão.

Essa é a grande diferença em relação a Yvonne, que oferece um aumento a Amsa no dia em que ela deixa o emprego. Embora tenha nascido no Senegal, Yvonne é uma estrangeira para o povo do país e tem dificuldade de ver, por causa da educação, da gentileza deles, que seus compatriotas não a incluíram em seu mundo. Mas, se ela não vê isso, é porque não quer. Sua existência lhe convém. Abalada por uma situação inédita, pela greve sem fim, abismada com a descoberta do lado sombrio do poder, Yvonne busca uma forma de preservar o aspecto dele que lhe parece luminoso. Quando a fome começa a afetar as pessoas comuns, ela sugere que a empregada leve o que precisa. Não sabemos o que Yvonne imagina quando a empregada, ao largar o emprego, deixa a joia oferecida em uma mesa. No momento em que vai para a França viver com o irmão, ela declara: "Já não reconheço este país... Você e os outros estragaram tudo", acusando o marido e as autoridades coloniais de terem demolido o mundo conhecido. Seu Senegal não existe mais. Mas qual era o país que ela conhecia? Em outubro de 1947, quando a greve dos ferroviários começou, a que havia acontecido em Thiès em setembro de 1938 já tinha sido reprimida de forma sangrenta. O massacre de Thiaroye tinha acontecido em 1944. A greve de dezembro de 1945 havia sacudido Dakar e Saint-Louis. O país era aquele, constantemente abalado pelo combate à injustiça. Yvonne vivia satisfeita com sua condição, continuando a desfrutar de sua posição social e da simpatia de seus subordinados. Ela teve que ser diretamente afetada por um drama colonial para perceber que aquilo sempre havia acontecido. "Vocês estragaram tudo" significa, portanto: "Você abriu meus olhos para minha realidade". Ela preferia não saber que o poder, quando se baseia sobretudo na negação da humanidade, não tem um lado bom. Nesse tipo de situação, a própria generosidade, o presente que não pode ser retribuído, é um gesto opressivo.

Le rêve français foi retransmitido na France Télévisions e na TV5, mas *Les pirogues des hautes terres*, que eu saiba, não teve esse privilégio. O primeiro filme — cuja característica principal é demonstrar que podemos produzir um fracasso com bons atores — apenas responde à frustração dos afrodescendentes franceses em termos de visibilidade. O segundo, ao se concentrar em um único acontecimento histórico, fala dele através de vários perfis humanos, que podemos acompanhar por tempo suficiente para compreender situações complexas. Os colonizados são capturados em um momento em que combatem a dominação, mas também os vemos em momentos comuns, e as divergências entre eles não são dissimuladas. A greve dos ferroviários da AOF não merece fazer parte da memória das lutas sociais da França? O Senegal ainda não era independente. Era parte da França e vinha daí a exigência de um salário igual ao dos trabalhadores da metrópole.[69] Inclusive, a Confederação Geral do Trabalho francesa também apoiou o movimento. O filme de Olivier Langlois tece uma história de colonização que nos permite relembrar juntos, sem que ninguém seja humilhado. A vitória dos ferroviários, que conseguiram a maioria das exigências que haviam feito ao se mobilizar de outubro de 1947 a março de 1948, representa, para os descendentes franceses dos colonizados, uma visão valorizadora de seus antepassados. Para todos os outros franceses, dependendo de como cada um se identifica mais com os valores defendidos do que com o fenótipo, esse episódio da história colonial francesa na África Ocidental oferece uma imagem não indutora de culpa, já que a justiça triunfou. Em última análise, apenas os que proclamam constantemente recusar qualquer atribuição racial, ao mesmo tempo que demonstram certa incapacidade de se verem de outra forma que não através dela, podem ficar abalados. Assistir a um filme assim também vai

---

69 N.E.: Neste contexto, "metrópole", do francês *métropole*, tem o sentido de "estado central em relação às suas colônias e territórios além-mar".

beneficiá-los, pois eles finalmente verão sua branquitude com clareza, essa modalidade do obscuro que existe dentro deles.

A branquitude se opõe à brancura porque se constrói na recusa à confraternização, preferindo recorrer a crimes para evitá-la. É também por isso que ela se mantém nessa situação, oferecendo de vez em quando bugigangas — o sucesso das pessoas de pele mais escura — para se convencer de que foi abolida com o fim da escravidão e da colonização. Ela também finge ter se concentrado apenas na cor, que hoje seria somente uma convenção eficaz para descrever o aspecto físico de indivíduos sobre os quais ela não teria mais nada a dizer. No entanto, essa branquitude, que se desenvolveu no quadro da *plantation* escravagista, depois se alastrou pelo espaço colonial de todos os continentes e se consolidou nas sociedades multiétnicas da Eurámérica contemporânea, é sobretudo ocidental. Uso esse termo para designar a selvageria da Europa Ocidental descrita por Aimé Césaire em *Discurso sobre o colonialismo*, ou seja, uma forma de abordar os outros, de estabelecer relações com eles, caracterizada pelo crime. A branquitude — sem ser a origem do mal, sem ter a exclusividade da violência e da predação, partilhada por muitos humanos — continua a ser uma das características mais salientes do lado sombrio do Ocidente. É a forma como a perturbação que tomou conta da consciência europeia a partir do final do século 15 decidiu se representar nos corpos daqueles que se denominavam brancos, para separá-los dos outros. E talvez ela não seja culpada de todos os crimes cometidos pela humanidade, mas o fato de ter reconfigurado o mundo, deixado sua marca em todos os cantos e se baseado no racismo a torna singular.

A BRANQUITUDE DEIXA O BRANCO MAIS BRANCO

As pessoas da minha geração que cresceram na Europa Ocidental ou numa parte do mundo sob domínio ocidental se lembram de produções audiovisuais que exibem representações de dois tipos de brancos: os poderosos e os outros. Os últimos não eram, como poderíamos pensar, os mais pobres das sociedades ocidentais. Em muitos dos filmes que vi quando era criança e depois adolescente, os afrodescendentes morriam por volta do 15º minuto, e os vilões eram muitas vezes da Europa Oriental. Era ainda a época da Guerra Fria, da divisão de grandes regiões do mundo em territórios sob domínio ocidental ou soviético. O mal não se limitava apenas à Rússia — toda a Europa Oriental tinha sido afetada, e isso incluía parte da Alemanha. O horror provocado pelo nazismo teve o efeito de colocar o país numa zona sombria, pelo menos para a jovem que eu era. Mas o que entendíamos rapidamente ao testemunhar os confrontos entre os brancos bons e os maus era que alguns eram mais brancos que outros.

Os vilões do Oriente não tinham um império colonial distante de seu país,[70] a língua deles não havia se espalhado por vários continentes, eles não

70 Devemos lembrar mesmo assim que, assim como os Estados Unidos da América e o Império Otomano, o Império Russo e a Hungria estavam representados na Conferência de Berlim em 1885. Mas não questionaram a partilha da África entre os europeus ocidentais. O Império Russo também foi uma das potências que impuseram tratados desiguais aos chineses.

tinham desapropriado pessoas de suas terras ancestrais para praticarem a escravização e a segregação racial nela. Mas, com base naqueles filmes, eles eram inerentemente mentirosos, demonstravam uma habilidade sobre-humana para a prática da violência, além de uma resistência igualmente sobrenatural, e falavam línguas tão difíceis que aprender qualquer outra era fácil para eles. Essa facilidade em dominar todas as línguas e falá-las sem sotaque, associada à cor da pele deles, os transformava em espiões impossíveis de capturar, sempre à espreita, no seio das sociedades ocidentais que eles minavam por dentro. Inimigos da alegria, seus países eram enfadonhos e bastante miseráveis, apesar das proezas científicas de que eram capazes. O olhar colonizado fazia a diferença entre os brancos questionáveis e os emissários do bem que os confrontavam incansavelmente para espalhar a liberdade pelo planeta. As culturas dos brancos do Oriente eram austeras, desprovidas de glamour. Eles não tinham a malícia ocidental, a autoconfiança prerrogativa dos conquistadores, a capacidade de seduzir até mesmo os injustiçados. Os brancos no Bloco do Leste foram excluídos da branquitude como condição política e simbólica. Eles tinham apenas a pele branca, o que parecia um acidente triste, uma peça ruim que o destino havia pregado na branquitude legítima. E a forma como são vistos não mudou muito.

Um checheno, apesar do seu fenótipo, não pertence a um mundo que pode oferecer um herói como James Bond. Ele não só vem do Oriente, como muitas vezes é muçulmano há incontáveis gerações.[71] A influência intelectual, política e econômica do seu povo é inexistente, o que faz dele um homem branco de segunda categoria. A branquitude, sendo bem sincera, é o poder que os chechenos não têm. Embora tenham sido acolhidos como refugiados na Europa Ocidental, e sobretudo na França, eles nunca despertaram a empatia que o país demonstrou em relação aos ucranianos que fugiam da guerra de Vladimir Putin. Na França, os chechenos estão mais próximos dos árabes do que dos brancos. As raras menções a eles nas notícias falam da dificuldade de integração, das perturbações provocadas por alguns deles e dos crimes cometidos por indivíduos de origem ou nacionalidade chechena. Na verdade, a identificação dos brancos franceses com os chechenos não é evidente. E o desejo de conhecer a Chechênia não é algo expressado com frequência. De modo geral, poucos são os candidatos à imigração — vindos do Sul — que sonham em viver em países do Leste Europeu e, na maioria das vezes, os que acabam morando neles o fazem por terem falhado muitas vezes em chegar ao Ocidente.

---

71 O Islã é majoritário na Chechênia desde o século 7.

Baseada na raça como fenótipo — o que pode, em certos aspectos, beneficiar pessoas não ocidentais —, a branquitude adquiriu uma dimensão política que a tornou uma vantagem ocidental no imaginário global. Os brancos são, sobretudo, aqueles que, ao se autodenominar e tornar a aparência exterior reflexo de suas características intelectuais e morais, atacaram o mundo armados dessa certeza. Os brancos são aqueles que, através da ganância e da violência, se tornaram senhores do mundo. E, por esse mesmo motivo, eles mantêm um status que apenas a cor não consegue alcançar. A branquitude impõe diferenças entre brancos — torna alguns superiores a outros, que pertencem a uma espécie de terceiro mundo caucasiano. A Rússia faz parte do Brics, junto com o Brasil, a Índia, a China e a África do Sul. Sua adesão à União Europeia não é discutida e ninguém fica surpreso com isso. Poucos lembram, no entanto, que ela manifestou o desejo de fazer parte do Conselho da Europa em 1992,[72] ou seja, logo depois da ascensão ao poder de Vladimir Putin. O pedido foi suspenso em fevereiro de 1995 devido ao conflito com a Chechênia e retomado em setembro do mesmo

---

72 Site da Assembleia Parlamentar do Conselho da Europa — pedido de adesão da Rússia ao Conselho da Europa. Disponível em: https://assembly.coe.int/nw/xml/XRef/Xref-XML2HTML-FR.asp?fileid=13932&lang=FR#:~:-text=La%20F%C3%A9d%C3%A9ration%20de%20Russie%20a,statutaire%20(51)%2030%20A. Acesso em: 17 mar. 2025.

ano, depois que a Rússia se comprometeu a procurar uma solução política, autorizando também investigações por peritos internacionais. No fim das contas, como sabemos, a adesão do gigante do Leste à União Europeia não se concretizou. As divergências continuaram a aumentar, sempre provocadas por um motivo principal: o imperialismo russo e seus modos grosseiros, a angustiante falta de malícia. Afinal, só é permitido que o imperialismo exista se ele for praticado à maneira ocidental.

Vista do Sul, a relação polêmica entre o Ocidente e a Rússia confirma que nem todos são brancos da mesma forma e que a fraternidade branca — que sempre foi criada em confronto com outros e apesar das rivalidades entre brancos — não se baseia apenas na cor da pele, nem na cultura ou nas raízes cristãs. Os países ocidentais não são povoados apenas por pessoas que chamaríamos de brancas, mas são elas que os governam — Barack Obama foi apenas uma exceção barroca, uma miragem. E os brancos do Ocidente não aceitam o desejo de poder que alguns do Oriente podem vir a ter, já que seus apetites seriam mais condenáveis do que os deles, por serem menos civilizados. A barbárie vem aumentando no Oriente e esse deve ser o motivo. Ninguém vai se propor a enumerar os crimes cometidos em todo o mundo ao longo de vários séculos por nações ocidentais. Mesmo que nos limitássemos apenas ao século 20, a tarefa logo se tornaria deprimente. Seja como for, devemos notar que a branquitude deixa o branco mais branco. Ela situa seus beneficiários acima dos outros, de todas as outras cores de pele, justamente porque seu alcance é sobretudo político e simbólico. Como reúne nações poderosas e países que adquiriram poder ao aderir a esse clube, a branquitude permite que travem uma guerra com base em mentiras — como no Iraque — ou desestabilizem regiões inteiras — como na Líbia ou no Sahel —, com total impunidade. Ela não vai ser punida por nenhum de seus crimes, a menos que decida, por vontade própria, pedir desculpas e se impor as reparações que lhe convêm. Seus bens nunca serão congelados em lugar nenhum. Ela não será excluída dos sistemas internacionais de transferência de fundos, já que eles pertencem a ela. A moeda que tiver escolhido será imposta em todas as negociações.[73] O fato de ela representar apenas uma pequena parcela da humanidade em termos demográficos dificilmente a incentivará a ser humilde.

Apesar do ódio que suas ações possam suscitar, a branquitude sempre vai ter a certeza de que nunca será combatida de maneira mais pesada. Se pensarmos nas nações pós-coloniais da Europa e ainda mais

73 Os Brics anunciaram recentemente a criação de uma moeda com base no ouro, para se libertarem do dólar.

nos Estados Unidos, a história de violência infligida aos outros os dotou de uma polietnicidade que os beneficia. É possível que todos reconheçam seu rosto nas feições desses países. No entanto, poucos sentem ódio o suficiente para esquecer que um pouco de sua carne se encontra neles. Os subsaarianos, por exemplo, independentemente da violência das críticas que dirigem às potências ocidentais, são incapazes de considerar os afropeus como um grupo completamente estranho a eles. Seus sucessos são vistos como subsaarianos, e seu capital é esperado em sua terra ancestral. E, muito antes da relação que se estabeleceu entre a África Subsaariana e os descendentes dos imigrantes subsaarianos que se instalaram no Ocidente, a afrodescendência já era uma vantagem que permitia que os Estados Unidos, por exemplo, fossem vistos como um país aberto a todos. Estávamos no meio da Guerra Fria e a segregação racial ainda não havia sido abolida nos Estados Unidos, mas o Departamento de Estado — Ministério Norte-Americano de Relações Exteriores — começou a recrutar grandes músicos de jazz para viajar pelo mundo e promover a imagem do país. O departamento decidia quais artistas eram escolhidos para participar daquelas turnês apoiadas pela rádio Voice of America, transmitidas até em países hostis ao Tio Sam e com boa audiência. O programa, que contou com a participação de músicos renomados como Dizzy Gillespie, Duke Ellington e Louis Armstrong, foi criado na década de 1950, enquanto a luta dos afrodescendentes por direitos civis estava no auge. A humanidade acompanhava de perto aquela situação, que revelava de forma brutal o racismo dos defensores da liberdade, daqueles que haviam derrotado o nazismo. E é claro que a União Soviética usava o problema racial em campanhas de comunicação antiamericanas.

Por sua vez, os chamados *Jazz Ambassadors* foram um dos instrumentos da propaganda americana. A iniciativa foi um sucesso em todos os continentes, e continua sendo. Nem todos os músicos eram afrodescendentes, o que permitia que tocassem em vários ambientes e dispusessem dos recursos humanos adequados para o público que queriam atrair. Ao fazer artistas serem acompanhados por orquestras multiétnicas, a ideia era mostrar que todos pertenciam a uma América plural e unida. O atrevimento incomparável dos Estados Unidos é, por si só, um instrumento de poder porque proclama a fé do país em seu capital de luz, tudo que o permite expor com relativa calma seu lado sombrio. É preciso ter uma confiança a toda prova para criar uma operação de sedução como os *Jazz Ambassadors*: levar aos palcos de todo o mundo pessoas que são oprimidas diariamente, brutalizá-las dentro do país, mas usá-las como representação para os países estrangeiros.

O simples fato de esses artistas terem aceitado participar da operação gerou certo discurso sobre os EUA. O país deles era horrível, claro, mas eles não queriam pertencer a nenhum outro, e a própria música que tocavam vinha de uma experiência norte-americana. Ninguém pode dizer que o jazz não nasceu nos Estados Unidos. Ninguém vai negar que ele é uma das joias da criatividade humana em termos musicais. Pouquíssimos músicos de jazz afro-americanos deixaram o país de maneira permanente, e esse grupo não incluía nenhum dos mais importantes jazzistas.

Criado no auge das lutas dos afrodescendentes pelos direitos civis e enquanto a segregação racial — logo o racismo — era legal, o programa *Jazz Ambassadors* revela uma das muitas maneiras através quais a branquitude pode se aproveitar dos corpos e das experiências das pessoas racializadas de maneira desfavorável. Quando pensamos nos afro-americanos, o poder dos EUA no cenário mundial fez da história particular deles o símbolo da afrodescendência nas sociedades pós-coloniais ocidentais e além delas. Por se beneficiar da força da maior potência mundial para disseminar sua arte, suas práticas e seus discursos pelo mundo, a afrodescendência norte-americana se consolidou como referência. A posição hegemônica faz com que ela opere como uma divisão negra da branquitude. Hoje podemos ver, por exemplo, nas invenções dela, apropriações ou releituras de histórias retiradas da África para atender às demandas deles. E, apesar disso nem sempre ter acontecido, as relações dela com outras categorias afrodescendentes — caribenhas, sul-americanas, europeias ou orientais — são agora marcadas pelo desconhecimento e pela hostilidade. Essa situação é muitas vezes explicada por um sentimento de desvalorização diante da ascensão dos imigrantes de ascendência subsaariana na sociedade norte-americana.[74]

A conexão estreita entre a afrodescendência norte-americana e a branquitude que a criou na época da escravização, bem como suas consequências, é uma prova perturbadora que cada pessoa entende de certa maneira, dependendo de onde vive. Na França, o afro-americano é sobretudo norte-americano, o que garante uma simpatia que não é oferecida aos afrodescendentes franceses. Na África Subsaariana, é normal que afrodescendentes dos Estados Unidos ou da Europa sejam designados como brancos. O termo não se aplica tanto ao fato de serem estrangeiros, e sim aos marcadores de ocidentalidade que são sempre identificáveis. Aliás, mesmo subsaarianos

---

74 Nos últimos anos, a Black Media (uma coleção de perfis de ativistas nas redes sociais) tem compartilhado as queixas dos afro-americanos em relação aos imigrantes, reunidas sob a sigla Ados, — *Americans Descendants of Slavery* [Americanos Descendentes de Escravos]. Um movimento paralelo ao Ados, denominando-se *Foundational Black Americans* [Negros Americanos Originais], foi criado e formula queixas semelhantes contra o país, e com as mesmas críticas aos imigrantes.

podem ser chamados assim, já que a branquitude vem influenciando essa região do mundo há muito tempo. Conseguimos gerar brancos de qualidade mais do que aceitável a partir de qualquer etnia, pois o conteúdo importa mais do que o recipiente. O contrário se revela mais difícil, já que é complicado ou até impossível de viver a experiência concreta — por si mesmo — de uma desvalorização histórica que resiste ao esquecimento por estar escrita na pele. Esse é o calcanhar de Aquiles do afrodescendente embranquecido. A hora da verdade sempre acaba chegando. O afrodescendente que acreditava que tinha sua individualidade reconhecida, em algum momento, é confrontado pelo fato de a cor de sua pele ter precedência sobre o resto. Isso pode acontecer durante uma fiscalização policial, em uma butique de luxo, em diversas circunstâncias, mais ou menos rápidas. Na maioria das vezes é uma situação permanente, uma condição.

No campo literário, é comum que aqueles e aquelas que expressam de forma mais firme sua rejeição ao pertencimento etnorracial que a sociedade deseja atribuir a eles tenham espaço apenas para se expressar como negros se abordarem assuntos relacionados à problemática racial. É ainda porque são vistos como negros que é útil fazê-los dizer que negros não existem e o quanto os racialistas negros os irritam. A França, especificamente, pode se orgulhar de ter certa experiência nessa área. A maneira que o país tem de branquear os afrodescendentes muitas vezes consiste em colocá-los nesse grupo, e o favor não é retribuído. Ninguém entre nós espera que afrodescendentes franceses nos entretenham com seu conhecimento sobre a Grécia antiga ou sua paixão pelo Grande Século. A designação é tão resoluta quanto silenciosa. O afrodescendente branqueado é uma pessoa livre de cor.

Como a história deles está permanentemente entrelaçada à da branquitude, no confronto com ela, os afro-americanos são o grupo afrodescendente no qual a cultura subsaariana mais mudou. Foi preciso que ele se reinventasse num ambiente que não permitia o uso de tambores, que dissimulassem divindades ancestrais sob a figura de santos católicos etc., estratégias usadas entre os afrodescendentes na América do Sul. O aparente distanciamento da África Subsaariana também é o que atrai e autoriza todos a fazer o que querem da experiência afro-americana. O racismo que afeta as pessoas de ascendência subsaariana em todo o planeta poupa os afrodescendentes norte-americanos, que só o vivenciam em seu país. Para o resto do mundo, eles fazem parte da branquitude com a qual é possível simpatizar, já que não apresenta os traços do dono e representa, dentro dos Estados Unidos, todos os povos brutalizados pelo imperialismo ocidental. "Ray Charles, quando você se lamenta, os mais pobres são os mais ricos",[75] proclamou um cantor francês em sua homenagem ao ícone norte-americano. Não sabemos o que pensar das palavras escolhidas para fazer esse elogio, mas a essência é a seguinte: há, na música dos afro-americanos, algo unificador, libertador, uma forma de transcendência. Aqueles que conseguem produzir isso não são oprimidos como os outros. Da vítima, eles só têm a aparência. E é por isso que são um bem precioso do país.

Hoje, assim como antigamente, o *soft power* dos Estados Unidos se deve muito às contribuições culturais e artísticas afro-americanas. Do blues ao hip-hop, a música deles é tocada em todos os cantos e todos se apropriaram dela a tal ponto que, na França, falamos sem constrangimento de jazz, rock e rap francês. No entanto, quando coreanos ou libaneses tocam música clássica europeia, ela não perde sua origem. Mesmo quando esses artistas criam um repertório próprio, todos entendem que o estilo em que brilham emana de um ambiente específico. E ninguém se ofende com isso. Ninguém se pergunta se é verdade que *Beethoven Was One-Sixteenth Black*.[76] Ele era alemão. Só a branquitude se permite esse tipo de

75 Michel Jonasz, "Ray Charles", em *Unis vers l'uni*, Atlantic Records, 1985.

76 *Beethoven tinha um dezesseis avos de sangue negro* [em tradução livre], de Nadine Gordimer, publicado pela Bloomsbury em 2007.

monopolização. Quando a genialidade dos outros é realmente reconhecida por ela, deve sempre acabar levando seu nome, exibindo seus traços.

No que diz respeito aos afro-americanos, a história da oposição deles à desumanização e a toda a agressividade contra os opressores que ela às vezes contém faz parte de um patrimônio imaterial que valoriza os Estados Unidos. Afinal, foi o furor racista que o país demonstrou que permitiu o surgimento de grandes figuras humanistas, grupos revolucionários, poéticas e teorias de emancipação. A história da violência e a do seu desafio são a mesma. Os estúdios de cinema e as editoras perceberam isso muito cedo e trouxeram as vozes dos oprimidos para suas produções e publicações. Uma nação tão jovem só podia gerar representação e histórias para si mesma se decidisse se abrir a seus marginalizados. Por isso, apesar da história sangrenta e da propensão à violência, os Estados Unidos parecem um país aberto às diferenças. Sem mencionar a questão da raça, já que esse elemento foi usado para unir os brancos, o respeito às particularidades foi um dos valores fundadores do país. Os europeus ocidentais que se estabeleciam no que viriam a ser os Estados Unidos da América às vezes o faziam para escapar da opressão religiosa em seus países de origem. Com isso, tinham certa reverência pela liberdade. Na religião, e em muitas outras áreas, a liberdade faz parte dos direitos constitucionais. Eles não foram garantidos aos afrodescendentes nem aos nativos americanos, também afetados pela política segregacionista.

Quaisquer que sejam as críticas que podemos fazer a seus líderes, os Estados Unidos souberam adentrar de maneira firme o imaginário mundial e, muitas vezes, encantar corações. É difícil odiar tudo no país, e toda tentativa seria em vão. Foi assim que o país adolescente, se comparado com as antigas civilizações do mundo, conseguiu dar a todos um gostinho de seu estilo de vida. Kim Jong-un, o autocrata inusitado que dirige a Coreia do Norte, é famoso pelas divergências com os Estados Unidos. O enfrentamento belicista que mantém com a principal potência mundial não o impede de ser apaixonado por vários aspectos do *american way of life*, incluindo os dispositivos Apple, os personagens mais antigos da Disney, o bourbon, a NBA, especialmente o Chicago Bulls, e até mesmo os calçados esportivos da Nike. E a lista não para por aí. Esse desejo fervoroso pelos produtos mais emblemáticos do inimigo é obviamente unilateral, o que desperta certo sentimento de comiseração. Na verdade, essa é a maneira mais fácil de proclamar a própria inferioridade. Mas Kim Jong-un não é o único a sofrer desse distúrbio emocional que leva o sujeito a desejar o que odeia.

Antes da guerra de Vladimir Putin contra a Ucrânia, a Rússia já capitalista era quase tomada por

McDonald's (eram 850) e Starbucks (havia 130 no país). Parecia que os soviéticos do passado só estavam esperando o momento em que poderiam se entregar ao consumismo *made in USA*. O Stars Coffee, marca russa que agora substitui a Starbucks, tem um nome bastante americano, manteve uma logomarca similar à do antecessor e oferece os mesmos produtos. Embora não tenha sido aceito na União Europeia, o governante do Kremlin não despreza os produtos ocidentais de luxo. Isso é muito interessante, já que Vladimir Putin não perde a menor oportunidade de valorizar as especificidades identitárias e de ser o grande defensor da essência dos povos. Mas essa última, se existisse, não seria a matriz de toda a produção dos povos em questão? Não deve ser tão simples confrontar o oprimido interior que, para medir o próprio avanço, deve absorver um pouquinho da ocidentalidade.

As contradições de Vladimir Putin nesse sentido não são muito diferentes das dos subsaarianos contemporâneos, que se propõem a reivindicar e promover suas culturas através da comercialização de roupas europeias feitas com tecidos africanos. Vestidos formais feitos em *kente* ou até em ráfia, em vez de engrandecer um gênio ancestral injustamente desprezado, só conseguem explicar a falta de consideração dedicada a um continente fornecedor apenas de matérias-primas, incapaz de se reinventar fora dos caminhos prescritos pelos colonizadores. A branquitude continua a ser o horizonte do colonizado, o que a torna particularmente detestável, pois é uma prisão considerada menos aterrorizante do que o desconhecido prometido aos fugitivos. É ao se submeter à prisão perpétua que os povos mantêm a chance de não ficarem isolados, de às vezes serem aprovados, de se verem como seres modernos. Poucas pessoas sonham em ser quilombola ou *palenquero*.[77] É também essa perda de confiança nas possibilidades que poderíamos criar para nós mesmos que favorece as respostas culturalistas à opressão neocolonial, as cruzadas que estaríamos prontos a empreender em termos sociais.

Apesar de continuar a ser, para muitos subsaarianos, uma força que só pode ser combatida em termos imaginários, a branquitude ainda pode beneficiar os brancos que foram inicialmente excluídos por pertencerem a certos grupos. Nesse caso, mais uma vez, as produções audiovisuais populares podem evocá-la ou expô-la de maneira clara, dependendo do caso. Na série *Outlander* (2014-2023), por exemplo,[78] o espectador conhece um grupo de escoceses das Terras

---

77 Habitante de um quilombo ou *palenque*. Quilombos e *palenques* eram aldeias fundadas nas Américas por africanos subsaarianos ou afrodescendentes que tinham fugido da escravização. Quilombo é o nome afro-brasileiro para esses lugares; *palenque*, a designação afro-colombiana.

78 Que pode ser vista na Netflix.

Altas que luta contra a colonização pelos vizinhos ingleses. Eles resistem, mas falham, e seu país está ocupado. Algumas das atitudes que lhes são infligidas não diferem da violência sofrida pelos subsaarianos reduzidos à escravatura na mesma época nas colônias das Américas, onde a discriminação racial foi forjada. Da primeira à última temporada da série, as cicatrizes que dilaceram as costas de James Fraser, o herói masculino, relembram as chicotadas desferidas com fúria enlouquecida por Jack Randall, um colonizador inglês que não se contentou em feri-lo dessa maneira e acabou por abusar sexualmente de sua vítima. A cena do chicoteamento de James Fraser pode ser usada em contraponto a outra, muito famosa, vista no filme *Tempo de glória* (1989), quando o personagem interpretado por Matthew Broderick manda chicotear o de Denzel Washington. Quando tira a camisa para levar a surra, as costas de Silas Trip, personagem de Denzel, já estão cobertas de queloides. Seu corpo traz as marcas de uma condição que também foi a de seus pais e a qual seus descendentes ainda tentarão superar 87 anos depois.

Na verdade, a cena mostra 1863, ano da Proclamação de Emancipação de Abraham Lincoln, dois anos antes da abolição da escravatura no país. Esta é a Guerra Civil Americana. *Tempo de glória* mostra os voluntários do 54º Regimento de Massachusetts. Embora postados sob o comando de oficiais brancos, foi um dos primeiros batalhões da história americana inteiramente composto por homens de ascendência africana.[79] Portanto, os soldados afro-americanos cuja vida o filme relata ainda eram escravizados, pouco antes de ingressarem no exército da União. Eles conheciam os abusos da escravização. As costas de Silas Trip são iguais às de Whipped Peter[80] e de todos aqueles que, como ele, viram capítulos sombrios da história americana serem escritos em seus corpos. Outros integrantes do regimento de soldados afro-americanos eram marcados da mesma forma, algo que o filme não precisa revelar. Esse não é o caso em *Outlander*, em que as costas de Fraser nunca serão vistas em outros escoceses — mesmo que o tratamento recebido por ele fosse uma prática conhecida entre os colonizadores ingleses.

A narração leva esse personagem aos ainda nascentes Estados Unidos. No novo país, ele fica enojado com a escravidão tanto por causa de sua moral quanto por seu passado. Fraser recusa a opulência que poderia advir da prática da escravidão, ou seja, dá as costas à branquitude. Mas isso não significa que ele se mistura com os deserdados por excelência, os

---

79 Como o 1º e o 2º Regimentos de Infantaria Voluntária da Carolina do Sul (*1st and 2nd South Carolina Volunteer Infantry Regiments*).

80 Gordon, conhecido como Whipped Peter, ou Peter Chicoteado, foi um escravizado fugitivo do Mississippi cujas cicatrizes nas costas se tornaram o tema de uma famosa fotografia tirada em Baton Rouge em 1863, amplamente divulgada pelo movimento abolicionista.

afrodescendentes, que foram escravizados até pelos povos indígenas da América do Norte. Seu caminho só cruzará com o desses outros homens — afinal, não devemos ser demasiado ambiciosos em uma série que já atravessa épocas e apresenta um casal de protagonistas no qual as categorias de gênero são levemente misturadas. Fraser sempre se mantém entre as duas categorias: nunca faz parte integral da sociedade branca nem de nenhuma outra, embora seja protegido por seu fenótipo. A renúncia à branquitude pode parecer tendenciosa, já que ele não se associa aos desfavorecidos a longo prazo.

Outlander, obviamente, não pode fazer de James Fraser uma encarnação da maioria dos escoceses que foram enviados para as Américas ou viajaram para o novo país por vontade própria. No entanto, a série nos lembra que, entre os brancos, a cor não é um símbolo imediato de pertencimento. O que constituiu esse símbolo, no contexto da escravatura colonial em que a branquitude nasceu, foi a presença de um terceiro, de um outro notável: o subsaariano deportado ou seus descendentes. Brutalizados, invadidos e espoliados pelos ingleses, os escoceses foram forçados a abandonar a língua gaélica, a renunciar aos tartãs e até aos clãs que valorizavam. Nas Américas, inicialmente foram vigiados e usados pelos colonos ingleses como empregados. Mas alguns, pouco a pouco, entenderam que havia uma maneira de escapar àquela condição desfavorável. No fim da Guerra Civil Americana, soldados confederados de origem escocesa e irlandesa, ou seja, brancos colonizados no seu país e quase reduzidos à escravização nas Américas, fundaram a Ku Klux Klan. Esses homens, de início, não eram supremacistas brancos. A Klan que fundaram pretendia, sobretudo, ser um espaço de diversão, num contexto de valorização de uma identidade ferida e dominada.

A organização logo evoluiu para se tornar o que conhecemos, o que significa que, entre seus fundadores, alguns viram como a branquitude podia permitir que eles superassem a condição de brancos ainda não branqueados com a qual lutavam. Eles podiam se tornar verdadeiros brancos, sair da decadência em que viviam, juntar-se à grande família. No país de origem deles, na Irlanda, por exemplo, o poder inglês nunca deixou de ser combatido. E ele o é até hoje. Nos Estados Unidos ainda em processo de formação, era o pertencimento à nação que devia ser garantido. Claro, muitos derramaram seu sangue na guerra — em ambos os lados da Linha Mason-Dixon —, mas outros também o fizeram, e isso não os legitimou. Os afro-americanos que serviram sob a bandeira americana tentaram afirmar seus méritos até o século 20, mas nem todos conseguiram. Para eles, o reconhecimento e a pertença demorariam a ser alcançados e podiam ser questionados de várias maneiras. Comparados aos escoceses, é possível afirmar que alguns deles não esperaram chegar aos EUA, à classe desafortunada, para ficar do lado da branquitude. Na época da Passagem do Meio, a travessia fatídica que levava cativos subsaarianos às Américas, algumas expedições partiam da Escócia.[81] E elas só foram poucas — cerca de 30 — por causa do acesso limitado aos portos ingleses. As mesmas expedições deportaram cerca de 5 mil subsaarianos para as Américas, incluindo o Caribe, e, claro, havia escoceses entre os colonos escravistas. Os comerciantes mais ricos de Glasgow trabalhavam principalmente com as ilhas. Em 1807, eles fundaram a Associação das Índias Ocidentais de Glasgow para proteger seus interesses e fazer campanha contra a abolição da escravatura. Os *highlanders* que acompanhamos na série *Outlander* e que se opõem à colonização inglesa não são todos escoceses — é importante ressaltar isso. Há também *lowlanders*, habitantes da fronteira com a Inglaterra e aliados dos ingleses. A cidade de Glasgow está localizada nas Terras Baixas. É também porque desfrutam de vantagens ligadas à branquitude que os opositores da Coroa Britânica, ao serem imersos

---

81 BIBLIOTECA NACIONAL (Escócia). *Scots involvement in the Atlantic slave trade.* [Edimburgo]: National Library of Scotland, c2025. Disponível em: www.nls.uk/collections/scotland-and-the-slave-trade/involvement. Acesso em: 20 mar. 2025.

no difícil território americano, são levados a fazer concessões que lhes permitem ascender socialmente.

A presença afrodescendente nos EUA, mais do que qualquer outra, é o que permite às pessoas se definirem e verem a promessa do novo país se concretizar. É sobre as costas dos afro-americanos que eles se levantam e se tornam cidadãos de pleno direito. É por causa da presença deles, não só de seus corpos de pele escura mas também da condição de exclusão magistral, de quase expulsão da raça humana, que eles se veem como brancos e superiores. Toni Morrison diz isso de forma muito simples num documentário dedicado a ela: "*Black people are not in the melting-pot, they are the pot*"[82]. E é dentro desse caldeirão que os EUA se tornam *e pluribus unum*,[83] segundo seu lema. As produções audiovisuais norte-americanas souberam brincar com essa relação, muito simples e eminentemente complexa, que liga o branco em busca de ascensão social através da branquitude e o afrodescendente que nunca pode reivindicá-la. Nas décadas de 1970 e 1980, a televisão americana transmitiu muitas ficções destinadas a contar a história do país a ele mesmo. Sem declarar

---

82 Comentários feitos em *Toni Morrison: The Pieces I Am*, dirigido por Thimothy Greenfield-Sanders, 2019. "Os negros não estão no caldeirão onde os outros se misturam, eles são o caldeirão." Tradução nossa.

83 *Out of many, one*. Em português, "um entre vários".

esse objetivo, séries como *Ellis Island*[84] (1984) trabalharam o tema da aquisição da branquitude por parte dos brancos antes desfavorecidos.

Tanto em *Ellis Island* quanto em outras produções, cabe ao italiano encarnar a figura do branco que deve embranquecer e nem sempre consegue. Adaptada do romance de Fred Mustard Stewart, a minissérie — formato muito comum na televisão americana na década de 1980 — é particularmente interessante pela representação que faz da conquista da branquitude. Os personagens que acompanhamos são em sua maioria brancos privados de poder. São três homens que se encontram na Europa ao embarcar em um navio com destino à América. Todos têm um bom motivo para deixar seu país natal. Um deles, Jacob Rubinstein, está fugindo dos pogroms. O outro, Tom Banicek, se recusou a se alistar no exército austro-húngaro. O terceiro, o italiano Marco Santorelli, quer uma vida diferente da dos miseráveis camponeses que o rodeiam.

Poderíamos imaginar que, dos três, o judeu teria mais em comum com os afrodescendentes por pertencer a um povo condenado ao ostracismo, sempre correndo risco de vida. No entanto, isso não é exatamente verdade e a série mostra bem isso. Entre os

84 ELLIS ISLAND. Direção: Jerry London. Produção: Vista Films Ltd. [*S. l.*]: CBS, 1984. Streaming (420 min).

afro-americanos que conhece e cujo talento defende, inclusive assumindo riscos, Jacob Rubinstein é branco. Quer ele goste quer não. E seu papel é escrito de tal forma que os dois não podem ser misturados, mesmo que por acidente. Jacob conhece um afro-americano pela primeira vez antes de chegar aos EUA. Ele ainda está na Europa e um senhor, pianista de profissão, parece levar uma vida confortável, protegido dos perigos que ameaçam Jacob, obrigando-o a abandonar o velho continente. Jacob, ao passar perto de um cabaré onde toca Rosco Haines, o afrodescendente, ouve um estilo de música novo para ele. Encantado, ele entra no local apesar das roupas imundas, se aproxima do piano, conversa com o pianista e, em dois segundos, aprende a tocar um ragtime. Rosco não vê com bons olhos uma pessoa que pode tirar o pão de sua boca e rapidamente dá dicas sobre como encontrar emprego nos Estados Unidos. Que ele vá pegar o barco...

Se tivesse pele negra, Jacob não teria sido admitido em um lugar tão elegante quanto aquele onde conheceu Rosco. Se tivesse pele negra, mesmo que fosse talentoso, não teria conseguido dominar, em tão pouco tempo, um aspecto tão importante da cultura branca. Em sua situação deplorável, Jacob Rubinstein, que se torna Jake Ruben ao longo do filme, é superior aos afrodescendentes. Ao se deparar com outros brancos, ele até pode se sentir estrangeiro, ainda precisa conquistar seu lugar na nação norte-americana; mas a questão não se coloca quando ele está entre amigos afro-americanos. Ele consegue dar o que a presença anterior dos negros nos EUA — local onde nasceram, ao contrário dele — não garante: sucesso em palcos que antes não os admitiam.

A jornada de Marco Santorelli é muito mais acidentada. O italiano só tem seu corpo, sua inteligência e sua vontade de vencer na vida. Ele não tem nenhum talento que lhe permita não ser reduzido a seu corpo. Por isso, é sobretudo o corpo que ele usa como ferramenta para se aproximar da branquitude e tentar conquistá-la. Os trabalhos que pode fazer são pesados e demandam esforço físico. É ao se tornar amante de uma atriz famosa que o apoia e abre as portas da boa sociedade para ele em troca de favores sexuais que Marco progride. Mas obstáculos continuam aparecendo em seu caminho, deixando sua vida, muitas vezes, por um fio. Ele se apaixona por uma imigrante irlandesa, mas o tio dela, por desprezar aquele homem do Sul, aquele quase negro, trama contra ele um plano que o leva à prisão. Sua força física, sempre ela, e seu desejo desesperado de fazer algo de bom na vida o ajudam a escapar de uma forma espetacular e sobre-humana. Além disso, poucos acreditam que ele conseguiu sobreviver ao mergulho nas águas geladas do rio Hudson, escapando assim da deportação para seu país de origem.

O interessante é que o personagem Marco Santorelli, que ainda garante a vitória, mesmo depois de um percurso repleto de obstáculos, não é interpretado por um ator italiano. Numa espécie de *blackface* — o uso de brancos pintados de preto —, o papel é interpretado por Gregory Paul Martin, ator britânico que se manteve bronzeado ao longo da série e fala por muito tempo com forte sotaque italiano.

Esse personagem italiano que permite mencionar desigualdades sociais e raciais sem colocar na tela atores afrodescendentes de forma tão clara, ou sem ter que dotá-los do poder reservado à branquitude, pertence a um corpus bastante extenso que merece ser estudado. Podemos citar Tony Manero, interpretado por John Travolta em *Os embalos de sábado à noite* (1977) e *Os embalos de sábado continuam* (1983), e Rocky Balboa, interpretado por Sylvester Stallone em *Rocky* e em todas as continuações do filme lançado em 1976. O corpo do italiano pode ocupar o lugar do afrodescendente para criar danças sensuais sem parecer ameaçador, permitindo que a branquitude se projete numa sensualidade vista como "animal" quando é mostrada no corpo de pessoas de pele negra. Como também é visto primeiro como corpo, o italiano desenvolve sua força física e pode se tornar o pugilista que vai vingar os brancos. A potência erótica e, portanto, sexual e a capacidade de submeter alguém fisicamente, como sabemos, são dois atributos da masculinidade convencional por excelência. Nas produções audiovisuais norte-americanas, o corpo do italiano muitas vezes é usado para dar à branquitude algo de que ela se sente privada, e é ao oferecer esse presente que ele consegue ser inserido nela.

Na verdade, algo indizível faz o italiano ser um branco que sempre precisa ser branqueado. Se falássemos com o espectador médio de ficção cinematográfica norte-americana, a imagem do italiano que emergiria seria principalmente a do bandido, do mafioso. Ele parece forçado a seguir o caminho da delinquência e até do crime para ascender socialmente. Nos Estados Unidos,[85] a história deles é em parte marcada pelo ostracismo e pela violência, especialmente para os oriundos do sul da Itália. Como acontecia no seu país natal, sobretudo os sicilianos eram considerados uma categoria inferior, próximos demais da África para se denominarem europeus. O tratamento que era reservado a eles nem sempre era diferente do infligido aos afrodescendentes. Eles não foram escravizados nos EUA, não vivenciaram as muitas formas de desapropriação associadas a essa condição e não foram vítimas de migração forçada. No entanto, quando atravessavam os portões de Ellis

---

85 Não vou mencionar aqui o caso dos italianos estabelecidos no Brasil ou na Argentina. Eles também emigraram para esses dois países a partir do século 19, e em maior número do que para os Estados Unidos.

Island, muitas vezes acabavam sendo condenados pela imprensa, que sempre os descrevia falsamente com o cabelo crespo e a pele escura. Os xingamentos que eram atribuídos a eles podiam se referir à África, como na palavra *guinea* (guiné), ou associá-los aos afrodescendentes, como na expressão *white nigger* (negro branco).[86] O segundo termo é o que declara melhor as acusações contra eles. Aqueles camponeses pobres e sem educação, de pele escura por trabalharem ao sol, lembravam a muitos brancos que eles também haviam sido pessoas miseráveis em busca de um futuro melhor. Eles exibiam um reflexo de um eu vulnerável que os proibia de encarnar a branquitude como sinal de poder. E, como era difícil excluí-los em termos etnorraciais, a branquitude que podiam reconhecer nos sicilianos teve que ser apagada. Eles então se tornam *white niggers*: brancos degradados, mas ainda brancos.

Nenhuma lei segregacionista foi aplicada a eles. Enquanto as uniões inter-raciais eram proibidas, um homem branco anglo-saxônico podia se casar com uma mulher italiana sem que qualquer legislação se opusesse. As crianças italianas não frequentavam escolas reservadas a afro-americanos nem eram obrigadas a se matricular em estabelecimentos

---

86 STAPLES, Brent. How Italians Became White. *The New York Times*, Nova York, 12 out. 2019. Disponível em: www.nytimes.com/interactive/2019/10/12/opinion/columbus-day-italian-american-racism.html. Acesso em: 24 mar. 2025.

criados para elas. É muito fácil estabelecer uma lista de critérios que permitem afirmar que, apesar de serem rejeitados e brutalizados, os italianos não eram considerados negros pelas leis em vigor. Isso significa que, na verdade, a liberdade deles não é restrita e é sobretudo a pobreza e a cultura[87] que marcam a diferença, impedindo-os de se identificarem com outros brancos. O problema que criam para o grupo dominante e a forma como isso se traduz no dia a dia deles ilustram bem a dimensão política da construção da raça. Isso fica ainda mais claro em um país que transformou o conceito em base para seu funcionamento social e situou os descendentes dos subsaarianos escravizados no nível mais baixo da escala. Para ter motivos para maltratar os sicilianos, é preciso designá-los como africanos, vê-los como negros. Quando chegarmos a esse ponto, poderemos fazer qualquer coisa com eles.

Ignorando a hierarquia racial, os sicilianos recém-chegados vivem tranquilamente entre os afro-americanos, atendendo-os em suas lojas e restaurantes, o que faz com que os brancos assimilem os dois grupos. É importante explicar isso, já que os afrodescendentes nem sempre veem com bons olhos esses europeus destituídos, adversários diretos em vagas de emprego

87 Apegados às suas raízes, os sicilianos têm um estilo de vida comunitário e costumam falar os dialetos de seus vilarejos. Muitos não aprendem inglês. Tudo que os distancia dos outros brancos é também o que os protege deles.

atribuídas aos mais desfavorecidos, sobretudo no setor agrícola. Ao contrário do que acontece em outros grupos de migrantes europeus, a branquitude duvidosa dos italianos os expõe à violência racial — o que explica o número significativo de linchamentos de italianos, apesar de esses crimes afetarem apenas não brancos: afrodescendentes na esmagadora maioria, uma vez que milhares desses casos aconteceram, mas também nativos americanos, judeus, mexicanos e chineses. Várias dezenas de linchamentos de italianos foram registradas em diversas regiões do país, tanto em Nova York, Chicago e Washington quanto no Mississippi, no Arizona e em Kentucky.[88] Considerados como notícias locais comuns, esses assassinatos despertavam pouca revolta.

Foi o linchamento de 11 italianos em março de 1891, em Nova Orleans, que tornou a prática um problema político em escala nacional e internacional. Três das vítimas da chacina tinham cidadania italiana e se beneficiavam de acordos de proteção entre os Estados Unidos e a Itália. Uma crise diplomática opôs as duas nações e, em toda a Europa, os Estados

88 DONOHUE, Stacey Lee. Linciati: Lynchings of Italians in America (review). *Film and History*: An Interdisciplinary Journal of Film and Television Studies, Baltimore, v. 36, n. 2, p. 53-54, 2006. Disponível em: https://muse.jhu.edu/pub/39/article/206419/pdf. Acesso em: 24 mar. 2025.

Unidos viram sua imagem se deteriorar.[89] O linchamento de 1891, em que 11 pessoas perderam a vida, é considerado o maior da história do país em termos de número de vítimas. Os protestos no exterior foram usados por ativistas afro-americanos, como a jornalista Ida B. Wells, para chamar a atenção para os assassinatos de afrodescendentes. Em relação a esses crimes, apenas em 1903 os linchamentos foram condenados dentro e fora dos Estados Unidos. Tudo isso nos permite entender por que o corpo do italiano serviu, na cultura popular, para transferir aos brancos qualidades atribuídas às pessoas de ascendência subsaariana. Devemos notar mesmo assim que isso levava tempo para acontecer, como podemos ver em *Os embalos de sábado à noite*, em que o jeito de caminhar de Tony Manero, ao som da música dos Bee Gees, já é uma coreografia erótica. As artes afrodescendentes, quando apreciadas, são sempre usadas, mas apenas depois de perderem as características que posteriormente serão imitadas. Vemos isso em Fred Astaire, por exemplo: seu estilo de dança parece evitar qualquer dimensão sensual. Ele realizou a proeza de se elevar a uma perfeição

---

89 SEGUIN, Charles; NARDIN, Sabrina. The Lynching of Italians and the Rise of Antilynching Politics in the United States. *Social Science History*, Cambridge, v. 46, n. 1, p. 65-91, 2022. Disponível em: www.cambridge.org/core/journals/social-science-history/article/lynching-of-italians-and-the-rise-of-antilynching-politics-in-the-united-states/5FCDECA4F388248230435DACAB90E207. Acesso em: 24 mar. 2025.

totalmente assexuada e a uma aparente renúncia a qualquer expressão de força. Faço esse comentário como admiradora de longa data, capaz de assistir sem parar a algumas das performances dele.

O espectador pensa em muitas coisas enquanto assiste a Fred Astaire, mas nunca em sexo. Os usos de danças folclóricas afro-americanas[90] e de sapateado irlandês, que se misturaram para produzir o *tap dancing* — o chamado sapateado —, geraram uma arte civilizada, ou seja, uma forma em que o branco não perde a compostura. Sem dúvida, foi com o surgimento de Elvis Presley em 1956 que observamos pela primeira vez o fenômeno oposto. A maneira que ele tinha de se movimentar — e até de cantar — foi considerada animalesca por ser influenciada demais por práticas afro-americanas. Para os pais dos adolescentes que o adoravam, Elvis era escandaloso porque era um branco que se rebaixava para se comportar como um afrodescendente. Ele foi obrigado a parar de se movimentar daquela forma, sob o risco de não poder mais se apresentar em público. A teimosia fez com que ele fosse primeiro enviado para o exército por dois anos, depois para longe dos palcos. Durante quase dez anos, só pudemos vê-lo no cinema e os filmes serviam para divulgar sua música. O fim de

90 Falo das danças afro-americanas, criadas com base na ausência de tambores. Como esses instrumentos eram proibidos, os afrodescendentes norte-americanos criaram danças percussivas.

1968 marcou o retorno de Elvis aos shows com um programa antológico transmitido pela NBC em dezembro. Os fãs — sempre numerosos — conhecem bem o *Comeback Special*, em que o ouvimos brincar quanto ao que não pode fazer — tocar no próprio corpo — e avisar, ao se levantar, que vamos vê-lo da cintura para baixo. Muitos haviam pensado em filmar apenas a parte superior do corpo de Elvis durante suas aparições na televisão. A partir do final da década de 1960, notamos uma evolução nos gestos do cantor. Ele introduziu movimentos emprestados do caratê e deixou de balançar tanto o quadril, embora tenha continuado a ser um artista muito generoso. Mas Elvis Presley já tinha realizado sua obra ao modificar a percepção que milhões de jovens brancos tinham de si, libertando os corpos e a imaginação deles. Podemos citar Bruce Springsteen, que tinha apenas seis anos quando viu o nativo de Tupelo, Mississippi, aparecer na tela da TV da família. Foi em 1956, no *Ed Sullivan Show*:

> Naquela noite, percebi que um homem branco pode fazer mágica, que ninguém precisava ficar limitado ao modo como havia sido criado, à própria aparência ou ao contexto social que o oprimia. Podíamos recorrer ao poder da nossa imaginação e criar um eu transformador, um certo tipo de eu transformador que talvez em qualquer outro momento da história americana pudesse parecer difícil, senão impossível

> [...] Tentaram censurá-lo da cintura para baixo, foi por causa do que podíamos ver acontecendo dentro da calça dele. Elvis foi o primeiro homem moderno do século 20, ele foi um precursor da revolução sexual, da revolução dos direitos civis... porque criou uma arte fundamentalmente diferente, que seria abraçada por uma cultura popular dominante.[91]

Vale a pena fazer essa citação longa de Bruce Springsteen para usar o ponto de vista de um músico famoso, mas também de um cidadão politicamente engajado, sobre a influência de Elvis Presley na sociedade. Com ele, entendemos que não é preciso se vestir de negro para dançar como os afro-americanos. Também percebemos que é mais lucrativo, em termos comerciais, usar o corpo de uma pessoa branca para promover o componente afrodescendente da cultura norte-americana. É melhor que as adolescentes brancas desmaiem diante dele, sonhem com ele. As canções compostas por músicos afro-americanos que ele admira, muitos dos quais são amigos dele, fazem mais sucesso quando são tocadas por ele. Mas era também porque ele as cantava que elas passaram a ser conhecidas de todos e que o *rhythm and blues* deixou de ficar confinado às rádios comunitárias. Quando ele

---

91 THE COMPLETE Text f Bruce Springsteen's SXSW Keynote Address. *Rolling Stone Magazine*, 28 mar. 2012. Disponível em: www.rollingstone.com/music/music-news/exclusive-the-complete-text-of-bruce-springsteens-sxsw-keynote-address-86379/. Acesso em: 24 mar. 2025. Tradução nossa.

ouvia um artista afrodescendente, o público corria para conhecê-lo. Sem fazer grandes discursos, ele se tornou formador de tendências e usou seu privilégio em benefício de outros. Longe de diminuir o amor dos fãs, a atitude altruísta o fortaleceu. Elvis Presley pode ter recusado o título de *Rei do rock 'n' roll* e designado Fats Domino como o verdadeiro rei, mas isso não mudou muita coisa. Apesar de não ter sido o objetivo dele, que era apenas um jovem de 21 anos em 1956 quando fez história, Elvis Presley ofereceu à branquitude o triunfo e a redenção: uma maior consciência de sua capacidade — do dom de fazer mágica de que Springsteen fala —, mas também a aceitação de múltiplas filiações. Ninguém vai dizer que o racismo desapareceu porque uma geração de jovens ávidos por liberdade encontrou, em meados da década de 1950, um ícone para representar seus desejos. Esse caso singular se destaca do uso comum que a cultura popular fez da figura do italiano várias décadas depois. Se não tivesse existido, se a onda que Elvis Presley gerou não tivesse sido tão forte, apesar dos protestos e ameaças, talvez a branquitude não tivesse desejado tanto se desaculturar, pelo menos no setor do entretenimento.

Enfim, por muito tempo tivemos dois tipos de brancos e, em muitos aspectos, isso continua acontecendo. O domínio histórico da branquitude é fácil de circunscrever, uma vez que engloba sobretudo a Europa Ocidental, hoje pós-colonial, e os Estados Unidos, que é a mais completa tradução dele. Devemos também incluir os países escandinavos, pouco conhecidos pelo envolvimento com a deportação transatlântica de pessoas subsaarianas e com a escravatura colonial. A Suécia ou a Dinamarca só podiam participar dessa iniciativa criminosa com capital estrangeiro, muitas vezes em nome de outros países e por um período curto de tempo se comparadas às grandes potências escravagistas do continente europeu.[92] Mas os dois reinos escandinavos partilhavam das ambições dos seus comparsas e, por isso, de certa visão do mundo e dos povos não europeus. A Noruega, o terceiro país da Escandinávia,[93] na época era dominada pela Coroa Dinamarquesa. Por isso, foi com os dinamarqueses que os noruegueses participaram do tráfico e da escravatura. Por falta de capital, os escandinavos tiveram que desistir de seus entrepostos comerciais no continente africano e, mais tarde, ceder suas colônias. Por exemplo, os Estados Unidos, por quererem aumentar sua presença no Caribe, tentaram comprar as Ilhas Virgens, de

---

92 LES SCANDINAVES et la traite des Noirs. *In*: Encyclopédie d'histoire numérique de l'Europe. [*S. l.*]: EHNE, 22 jun. 2020. Disponível em: https://ehne.fr/fr/encyclopedie/th%C3%A9matiques/l%E2%80%99europe-et-le-monde/l%E2%80%99europe-et-la-traite-atlantique/les-scandinaves-et-la-traite-des-noirs. Acesso em: 24 mar. 2025.

93 A Finlândia e a Islândia não fazem parte desse grupo. Elas só são levadas em conta num grupo mais vasto, o dos países nórdicos.

posse da Dinamarca, em 1867. A aquisição só foi efetivada em 1917. O fato de os países escandinavos serem hoje apresentados como modelos de progressismo e defensores da igualdade não pode nos fazer esquecer dessa parte da história — que nos permite compreender que esses países, assim como a Europa Ocidental, respeitam a branquitude.

Esse também é o caso da Alemanha. Muito antes do genocídio dos Herero e dos Nama na Namíbia (1904-1908), a Alemanha estava envolvida no tráfico transatlântico e nas grandes plantações das Américas, de onde tirava lucros significativos. Assim como a Suíça, ela fez isso sobretudo como operador financeiro e fornecedor de diversos produtos,[94] o que atesta sua adesão ao racismo conquistador. No século 18, deslocou seu apetite territorial para o Oceano Índico, já que o Atlântico se tornou menos favorável depois que outras potências — Reino Unido, Portugal, França, Espanha — se estabeleceram ali. Foi no século 19 que o império colonial alemão atingiu o auge, incluindo vários territórios na África Subsaariana e no Pacífico. No que diz respeito à Suíça, menor e mais conhecida por uma neutralidade que sugere

---

94 ONCE a Flourishing Trade, Then Gladly Forgotten: German Envolvements in the Slave Trade And New World Plantation Economies (16th-19th centuries). [Locução de]: Klaus Weber. [*S. l.*]: Bonn Center for Dependency and Slavery Studies, 22 jul. 2021. Disponível em: https://youtu.be/g7Pvg--R7Lk?si=zkMS-DBw9m7SwqzWn. Acesso em: 24 mar. 2025.

que manteve distância desses horrores, usamos as palavras de Josef Lang, historiador e deputado do Partido Verde no Conselho Nacional,[95] que questionou a atitude em relação ao passado escravagista da Helvécia:

> Do século 17 ao 19, comerciantes, militares e cientistas suíços estiveram envolvidos em todas as atividades importantes da escravatura: eles investiram nas empresas coloniais, participaram de expedições do comércio triangular, praticaram o comércio de escravizados e de produtos da escravidão, tiveram escravizados e endossaram ideológica e militarmente a escravidão. Segundo estimativas, a Suíça participou da deportação e da exploração em plantações de mais de 100 mil escravizados. Se compararmos ao tamanho do país e ao número de habitantes dele, a Suíça participou, portanto, tanto quanto outros países europeus, da escravatura.[96]

Na verdade, toda a Europa Ocidental se envolveu nesse comércio. Quando não conseguimos encontrar informações precisas sobre um determinado país, na maioria das vezes é porque, na época do triunfo do

---

95 Câmara dos deputados do Parlamento Suíço, a qual representa a população.

96 CONSELHO NACIONAL (Suíça). *06.3070 Interpelação "A Suíça e a escravidão", apresentada por Lang Josef, Partido Verde, Cantão Alternativo de Zug*. Berna: Parlamento Suíço, 21 mar. 2006. Disponível em: www.parlament.ch/fr/ratsbetrieb/suche-curia-vista/geschaeft?AffairId=20063070. Acesso em: 24 mar. 2025. Tradução nossa.

comércio transatlântico, ele estava sendo controlado por um ou até mesmo vários outros países e não existia como tal. É o caso da Itália, que existiu de forma fragmentada durante muito tempo e só foi unificada na segunda metade do século 19. A Bélgica, tal como a conhecemos, só se separou dos Países Baixos em 1830. Seu primeiro rei, Leopoldo de Saxe-Coburgo, foi coroado em 1831. O sucessor dele foi o famoso Leopoldo II. Era importante retomar as deportações transoceânicas dos subsaarianos e a escravatura colonial para dizer quem eram os brancos, porque foi nesse contexto preciso que a branquitude foi criada. Uma vez formulada, ela trabalhou para moldar nossa modernidade. Isso não significa que a rejeição do outro pudesse ser ignorada antes desse momento crucial da história das relações entre os povos. Significa apenas que, na época em que se preparavam para atacar um mundo que acabariam dominando quase por completo, os europeus ocidentais decidiram acrescentar o racismo à violência e à venalidade. A ponto de basearem sua política, seu prestígio, sua própria existência no racismo.

Mas, como já disse, não são mais só os esforços deles que garantem a manutenção da supremacia da branquitude. Ela se consolida também através da internalização da sua legitimidade por outros povos. Como vimos, até aqueles que se declaram resolutamente contrários a ela desejam se branquear de uma forma ou de outra, para obter uma parte do poder que se impôs ao mundo, mesmo que apenas através do consumo de produtos ocidentais. Além de consumir vários produtos, às vezes é a própria visão que tomamos emprestada, o que pode gerar resultados perturbadores. Por exemplo, em *Parasita* (2019), filme do coreano Bong Joon-ho que ganhou uma merecida Palma de Ouro no Festival de Cannes, o espectador conhece duas famílias: os Kim, miseráveis; os Park, ricos, às custas dos quais os primeiros secretamente vivem. O filme brinca com o contraste entre duas condições sociais, dois climas, dois modos de vida, para, por fim, revelar as falhas escondidas pela imagem controlada dos poderosos. São eles, os Park, que nos interessam. Fazendo-a se passar por professora de Artes Plásticas formada nos Estados Unidos, o jovem Kim, que tinha ido dar aulas de inglês para a filha dos Park, leva a irmã para a casa da família. Na sala do belo imóvel, há um artigo dedicado ao senhor Park, publicado por uma revista anglo-saxônica. O documento, emoldurado, está pendurado ao lado de um certificado recebido pelo mesmo senhor Park e de um desenho feito por Da-Song, o filho da família. A obra do garoto, emocionalmente instável, é comparada pela mãe dele a uma pintura de Jean-Michel Basquiat. Uma das brincadeiras preferidas do menino é se vestir de nativo americano e se esconder em uma majestosa tenda que ganhou de presente. Da tenda montada no jardim, Da-Song às vezes se comunica por rádio com o pai, pontuando as frases com as palavras *roger* e *over*, pronunciadas com um charmoso sotaque sul-coreano. O código emprestado dos pilotos norte-americanos é menos surpreendente do que o fato de o garoto se fantasiar de nativo americano. Temos certeza de que o interesse por esses povos despojados de tudo pela história vem da admiração que se têm por seus algozes e pelo que eles construíram sobre os restos mortais de suas vítimas. Ninguém brinca de índio, como dizem, porque quer ter o mesmo destino deles.

Para alguém que é branco, bancar o índio e roubar bens culturais ilícitos é a mesma coisa. É definir a própria grandeza e celebrá-la através do declínio do outro. Os nomes nativos americanos preservados nos Estados Unidos são epitáfios e gritos de vitória. Vários povos nativos foram extintos — como os Massachusetts ou os Apalaches —, muitas vezes sem que os seus nomes fossem conhecidos. A lista dessas populações é enorme e não será reproduzida aqui. Os vencedores governam o país que construíram de acordo com suas necessidades e determinaram posteriormente o lugar que gostariam de conceder às primeiras nações. Quando somos cidadãos de um país anteriormente ocupado pelos Estados Unidos, por que brincar de índio e dizer *roger/over* um ao outro para confirmar o recebimento da mensagem e encerrar a conversa? A pele do nativo americano que usamos através dos acessórios popularizados sobretudo pelos filmes não nos ajuda a nos juntar a eles. É apenas a pelagem do animal selvagem abatido. É do caçador que tomamos o troféu com o qual nos enfeitamos, para emulá-lo. Não vamos insistir na referência a Basquiat mais do que faríamos com Picasso, por exemplo, para caracterizar os desenhos horríveis de uma criança perturbada. É mais uma referência aos EUA e a seus grupos minoritários maltratados, sem que possamos falar de identificação. É a própria elevação que os Park buscam, sua parcela de branquitude em um mundo onde não se ocidentalizar de forma alguma é desaparecer. O drama deles é o mesmo de todos os colonizados e a perda de si pode ser maior ou menor, dependendo do caso.

Todos parecem ter admitido que a modernidade não pode ser concebida fora do esquema prescrito pelos conquistadores euro-americanos. As críticas aos danos causados ao ambiente pela propagação do modo de vida ocidental, na sua forma mais destrutiva, não levam os países do Sul a buscar novos caminhos. Pelo contrário. Os africanos subsaarianos, para falar apenas deles, veem no elogio à frugalidade uma exigência de retorno à idade da pedra. Enquanto não se fartarem da industrialização, da difusão de produtos poluentes na atmosfera e da construção de arranha-céus em todos os lugares possíveis, discursos que defendem a moderação serão em vão. Os desastres naturais já em curso não vão mudar nada enquanto lhes for possível, graças aos estúdios Marvel, vislumbrar o futuro a que aspiram. Nesse futuro, não é o conteúdo, e sim a forma que importa. Assim como os vestidos de ráfia, isso deve acrescentar acessórios supostamente africanos a uma estrutura ocidental. Caso contrário, eles voltariam à selvageria, e isso deve ser impedido a todo custo.

O QUE FAZER COM A BRANCURA?

Essa é a grande questão. Para responder a isso, devemos voltar às palavras de James Baldwin: "O que os brancos devem fazer é tentar encontrar no coração deles o motivo pelo qual foi necessário criar a figura do negro"[97]. A bola está, portanto, no campo deles. Espero ter demonstrado que a invenção das raças humanas não foi uma forma simples de descrever diferenças físicas. A ideia era implementar políticas a partir dela, criar condições políticas. Definir-se como branco não era dizer como alguém era fisicamente constituído pela natureza, pelo acaso. Era se dar o direito de negar a humanidade dos outros, de impor uma forma de viver no mundo, saquear seus recursos, redefinir seu espaço de referência e condená-los à morte quando se recusassem a se submeter. A violência da branquitude tem essa especificidade se comparada a todas as outras em que os humanos continuam a se destacar: o racismo é sua justificativa. Ele teve vários nomes ao longo da história — "missão civilizatória", por exemplo. O problema do Ocidente não é ter odiado mais do que os outros, mas ter produzido teorias sobre a raça, dado um conteúdo político a ela. Não basta, hoje,

97 BALDWIN, ref. 9.

admitir a culpa — coisa que nunca é feita nesses termos — e reconhecer que foi uma civilização viciada pelo racismo que se espalhou por todo o planeta. A dominação de um Ocidente racista, dentro e fora das suas fronteiras, só reforçou preconceitos contra populações de tez diferente, onde quer que elas estivessem. Por isso, parece ilusório considerar que se denominam brancos por simples convenção e não tenham a menor ligação com a história que criou essa categoria. Se fosse possível ver as coisas dessa forma, o mundo inteiro não teria imediatamente imputado ao racismo a culpa pelo crime de Derek Chauvin, assassino de George Floyd. Teríamos visto um homem violento, um sádico capaz de infligir o mesmo tratamento a qualquer outra pessoa. Não foi só porque os acontecimentos ocorreram nos Estados Unidos que as coisas foram diferentes. É porque a branquitude, aos olhos da maioria, não pode ser dissociada da história.

Se mantivermos esse raciocínio, não faria mais sentido alguém dizer que é negro de uma forma apolítica e a-histórica. Ninguém se apresentava como negro até ser chamado assim pelos conquistadores europeus. Só a história e a política dão sentido a essas categorias. Em termos de vida privada, elas não significam nada. Sendo bem direta, as definições de eu e de outro só existem porque certa história aconteceu. Foi quando se propôs a conquistar territórios mais distantes que o europeu ocidental, a partir do fim do século 15, passou a se denominar como branco. Foi nessa época que ele começou a forjar dentro dele o ser que, um dia, instauraria sistemas jurídicos chamados de "preconceito de cor", *separate but equal* ou apartheid. Os fatos são claros: foram as pessoas de ascendência subsaariana que pagaram o preço mais pesado pelo racismo ocidental. E, como o povo subsaariano não se reabilitou aos próprios olhos, sua situação permanece marcada pela impotência, o significado dado pela história ao seu fenótipo permanece inalterado. Na verdade, os povos que mais sofreram com a branquitude foram remodelados por ela e internalizaram o fato de que o domínio dela é legítimo. Se são capazes ou não de reconhecê-lo, é outra questão. Apesar de uma militância bastante ativa nas redes sociais, a realidade do complexo de inferioridade instilado ao longo de gerações não é discutida na África Subsaariana atual. Aliás, é muitas vezes esse complexo que é expresso em certos discursos combativos, guiados pela obsessão de provar a antiga grandeza. Quando tigres proclamam a sua "tigritude" em vez de a demonstrarem, podemos dizer que o caminho para a reconquista de si mesmo é longo. A solução dessa parte do problema cabe aos subsaarianos. É uma obrigação que têm com eles mesmos, com os afrodescendentes cujo destino continua sendo influenciado pela origem ancestral deles, com os povos do mundo que carecem da força do nosso continente.

Será que podemos imaginar uma desconstrução da branquitude? Eu me fiz essa pergunta um pouco por brincadeira. Na literatura, o termo se aplica a um método analítico que permite, sobretudo, revelar confusões no texto. Desse ponto de vista, desconstruir a branquitude é examiná-la para revelar suas fontes escondidas. Ou seja, é questioná-la, como espero ter começado a fazer aqui. Em termos filosóficos, Jacques Derrida, a quem é atribuída a autoria do conceito, indica:

> O termo "desconstrução" deve ser entendido não no sentido de dissolução nem destruição, mas de análise das estruturas sedimentadas que formam o elemento discursivo, a discursividade filosófica em que pensamos.[98]

As abordagens literária e filosófica se unem. Ao abordar o tema que nos interessa, essa operação não só é necessária mas também deve ser realizada a partir de dentro. No entanto, sabemos que a maioria dos envolvidos reluta em fazer isso. Eles se recusam a ser culpados. Estão cansados de serem responsabilizados por acontecimentos que ocorreram quando

---

98 DERRIDA, Jacques. Qu'est-ce que la déconstruction? *Commentaire*, v. 108, n. 4, p. 1099-1100, 2004. Disponível em: www.commentaire.fr/quest-ce-que-la-deconstruction-7272/. Acesso em: 25 mar. 2025.

ainda não existiam. Mas são as mesmas pessoas que não estão dispostas a devolver artefatos armazenados nos museus ocidentais. São as mesmas pessoas que pouco se importam com o custo real do seu conforto. São as mesmas pessoas que dificilmente se comovem com os traumas causados pela violência colonial e com os obstáculos que eles geram. A lista das conquistas da branquitude é longa. A questão que se coloca para as sociedades ocidentais, campeãs da liberdade e da igualdade, é saber o que a branquitude significa agora na relação com os povos do mundo. E, para respondê-la corretamente, a parte silenciosa do discurso sobre o colonialismo deve começar a ser expressa. O que essa história gerou para os conquistadores? Na intimidade deles, na identidade, no exercício do poder em termos internacionais, no tratamento que dispensam aos grupos minoritários de suas sociedades. É um trabalho coletivo. Caso seja realizado isoladamente por algumas pessoas de boa vontade, ele não vai ser suficiente para transformar as coisas, nos dar acesso a outro momento da história e criar um mundo em que o bem-estar de alguns não dependa da degradação dos outros.

A percepção de si mesmo como indivíduo que exige ser considerado apenas como tal é muito comum no Ocidente contemporâneo, onde muitos afirmam recusar para si mesmos, e principalmente em palavras, coisas que continuam a beneficiá-los.

Vou contar uma anedota para ilustrar isso. Há dois anos, eu estava em uma feira do livro, como costumo fazer no início do ano letivo. Entre os leitores que queriam um autógrafo meu, uma pessoa branca me disse o seguinte: "Sou trans, não sou aquele homem branco dominante que as pessoas podem imaginar". Assentindo, sorri e assinei o livro. Tudo no discurso dele com certeza era verdade, e a necessidade que ele sentiu de me explicar aquelas informações pessoais tinha, sem dúvida, a ver com um desejo de fraternização. Estávamos no mesmo campo, o dos impotentes, o dos que não são culpados nem responsáveis pela fragmentação da humanidade através do racismo. Mas, se aquilo tinha que ser dito, então não era evidente. Porque ele era socialmente visto como homem e branco; pela polícia, por exemplo. Se aquilo devia ser dito mais a mim do que a outros autores é porque minha tez e meus traços, bem visíveis, revelam minha pertença ao grupo daqueles que, por não serem indivíduos complexos, devem simpatizar com a desgraça dos poderosos, apesar de tudo.

Na França, o ponto de vista individual é sempre afirmado para indicar que ninguém tem nada a ver com o drama da branquitude, que pagariam caro para se livrar dele, que têm pena dos desfavorecidos, que não hesitam em usar o próprio corpo para protegê-los. Além disso, os muitos amigos que têm entre eles podem atestar isso. O cinema francês, claro, não deixou de abordar o espinhoso tema da gratificação racial dessa forma: com uma história de um grupo que inclui mocinhos e bandidos. Com *Os caprichos de uma conquista* (1996), Bernard Giraudeau, que dirigiu e atuou no papel principal, criou um filme sensível, destacando os ideais do Iluminismo. *Os caprichos de uma conquista*, livremente inspirado no diário do Chevalier de Boufflers (1738-1815), narra o que deveria ter sido uma tragédia, mas acabou sendo um segundo nascimento. Depois de matar um amigo do rei Luís XVI em um duelo, Jean-François de La Plaine foi exilado na colônia de Cap Saint-Louis, no Senegal. Nas cenas do julgamento que antecede a sua partida, vemos pajens subsaarianos. O espectador pouco informado não sabe que, na realidade, Boufflers ofereceu um daqueles pequenos criados a Maria Antonieta.[99] Mas eles ainda aparecem ali, ricamente vestidos e sem nenhum sinal de maus-tratos, como se prenunciassem as relações que La Plaine teria com o povo subsaariano.

---

99 O menino se chamava Jean Amilcar (1882-1896). Originário do atual Senegal, foi adotado por Luís XVI e pela rainha Maria Antonieta em 1887. Batizado, Jean Amilcar aprendeu a ler e a escrever. Aos cuidados da Coroa, foi mandado para um internato. A Revolução levou à pobreza o menino, que foi então protegido por um de seus professores. A Convenção levou anos para atribuir a ele o subsídio que supostamente devia ser concedido às pessoas antes escravizadas. O dinheiro só foi liberado em 1896, ano em que Jean Amilcar, doente, morreu em Paris. Sua história combina bem com as muitas outras pouco conhecidas da afrodescendência francesa.

Foi mais um livre-pensador e um artista do que um administrador colonial que chega ao Senegal, a um miserável entreposto comercial onde tudo faltava. O homem não chegou para dominar, não estava interessado nisso. Ele, sim, tentou fazer a colônia avançar e servir a seu país, mas sem explorar os outros, que queria conhecer. O exílio se transformou numa aventura em um novo país ao qual o homem se apegou, seduzido pela beleza e pela sensualidade. Só um dos seus companheiros, o senhor Denis, era abertamente racista, ganancioso e capaz de violência. Os outros, sobretudo o comandante Banet, interpretado por Richard Bohringer, não tinham nada disso. Banet estava na África havia muito tempo e o Senegal era a sua segunda casa. Ficamos sabendo que ele tinha esposa e filhos nativos do país, mas o espectador nunca os vê. A intimidade africana é simplesmente evocada. Richard Bohringer faz o personagem com tanta força e verdade que quase revela o que o filme opta por não mostrar. Os comentários racistas do senhor Denis — o vilão —, feitos à mesa diante dos empregados subsaarianos — uma cena clássica em filmes sobre racismo —, são intoleráveis para ele. É justamente porque Banet é tão sensível ao racismo que a invisibilidade da sua família subsaariana levanta questões.

O filme fala sobre a escravidão, mas não estamos no contexto das Américas, onde a branquitude foi forjada para solidificar as condições de livres e não livres. Em 1787, dois anos antes da Revolução Francesa, naquela colônia desolada da África Subsaariana, a escravatura era o destino de todos; e a liberdade, possível para todos. Era preciso encontrar uma maneira de fazer com que isso fosse entendido. Mas uma imagem e algumas palavras acabam sendo suficientes. A imagem: a aparência sublime e fugaz de Hannibal, um homem de origem subsaariana e aparência altiva, vestido com uniforme da marinha francesa. Ele está de pé no barco onde estão outros homens da colônia. Hannibal só pode ser mudo, porque sua voz não é ouvida. Outro homem nos conta seu nome e pedaços de sua história. Escravizado liberto, ele se tornou oficial da marinha real. Isso é tudo e é o suficiente. Não o vemos mais no filme. Era preciso simplesmente nos mostrar uma coisa: os franceses têm oficiais de pele negra, e até muito negra, porque são boas pessoas. As questões que poderiam surgir desaparecem na poesia das cenas que passam na tela. Por que quebrar o encanto imaginando a realidade daquele homem, sua solidão, o fato de ele vir de algum lugar, de ter uma memória povoada de pessoas que não usam aquele belo uniforme, de sua mãe, se for de condição servil, não dar à luz humanos, e sim animais de carga? É melhor não comentar. Hannibal aparece, orgulhoso, bonito, francês. Foi batizado com o nome de um grande guerreiro, considerado invencível, mas por fim derrotado. Hannibal é, portanto, um leão enjaulado. Sua força não lhe pertence mais. As palavras: além da biografia resumida de Hannibal, o filme evoca um homem branco escravizado pelos mouros e libertado pelos ingleses. Não vemos nada disso, mas ficamos sabendo. Os mouros reduziram até os europeus a escravizados e, ao contrário dos franceses, não os libertaram. Foram outros europeus que os resgataram do destino funesto dos acorrentados.

A escravização volta a aparecer. Desta vez, ela assume as feições de uma menina oferecida a Jean-François de La Plaine durante uma visita aos Peulh. Esse presente, que a princípio o deixa incomodado, mas que não pode recusar, o governador considerará como sua filha. Ele a batiza de Amélie e a ensina a ler. Um pouco. Ela nunca consegue falar francês perfeitamente e lê mal, não sabemos bem por quê. Amélie acaba crescendo perto de La Plaine, longe da família, mas não se torna francesa. Um dia ela foge, talvez para encontrar a mãe. Muitos a procuram por muito tempo. E, enquanto atravessam o deserto, outra aparição surge, já que o filme pretende nos encantar. Surgem, sabe-se lá de onde, cavaleiros subsaarianos vestidos de malhas que ostentam a cruz vermelha dos templários e portam armas que pertenceram a monges franceses da Idade Média. Os templários subsaarianos os atrapalham. Não sabemos que mensagem a presença deles pretende transmitir, o que querem dizer sobre a África, a França ou uma época — a Idade Média — que ainda não conhecia a branquitude, a categorização racial. Desde a execução, em 1314, por ordem do rei Filipe IV, o Belo (1268-1314), de Jacques de Molay (cerca de 1243-1314), último mestre da Ordem do Templo, esta desapareceu. Mas nunca deixou de fascinar, a ponto de ser regularmente ressuscitada até hoje. Essa surpreendente referência em *Os caprichos de uma conquista* não é explicada. Os monges-soldados subsaarianos fazem apenas parte de uma poética indecifrável e cada um projeta nela suas fantasias.

Amélie é encontrada, salva no último minuto possível da escravidão praticada por outros que não os franceses, obviamente. Ela é recapturada de uma caravana de cativos levados pelos mouros. Ao final de uma série de peripécias, a adolescente se torna companheira de La Plaine, seu grande amor subsaariano. A escravidão praticada pelos franceses é apenas uma ideia distante, efêmera, abordada somente através da inclusão de Hannibal. Se a França desempenhou algum papel na escravatura, foi sobretudo o de gênio do mal, coisa que descobrimos através das palavras de uma das personagens: "Nós alimentamos as pequenas guerras e os reis negros abastecem os cativos". Esses primórdios da Françáfrica também não são mostrados. Na verdade, esquecemos que a

França estava na África havia muito tempo, desde a fundação do Entreposto de Saint-Louis em 1659. Logo, a França estava presente no continente havia mais de um século na época em que as aventuras de La Plaine aconteceram. Por que perturbar o encantamento, ressaltar as dissonâncias na ode à fraternidade? Realmente não entendemos. A África é linda, os franceses podem adorá-la. Inclusive, isso não é difícil. Nessa terra, uma magnífica *signare*[100] interpretada por France Zobda[101] permite que o governador solitário tenha uma vida sexual ativa, goze sem impedimentos, pois não há expectativas. "O amor em África é tão natural..." As palavras do padre da colônia ajudam a entender. Mas, apesar de terem sido enunciadas por ele, o espectador as confirma no barco da colônia. Enquanto as pessoas honestas se dedicam a atividades decentes, dois subsaarianos copulam no convés do navio, num canto não muito escondido. A cena não revela nenhuma emoção por parte dos envolvidos. Eles não têm identidade e não vemos o rosto da mulher, que, inclusive, fica imóvel durante a cena. A vitalidade das idas e vindas do

---

100 Do português "senhora", designa uma mulher indígena senegalesa, às vezes parda. De cultura híbrida, que misturava a África e a Europa, as *signares* eram mulheres empreendedoras, muitas vezes comerciantes. Eles se estabeleceram nos entrepostos comerciais coloniais de Saint-Louis e Gorée. Essas mulheres, também chamadas de "negras de qualidade", tinham grande influência em sua época (1750-1850).

101 Coprodutora do filme para TV *Le rêve français*.

homem é impressionante. É tão natural... o amor na África.

Logo, o amor também é tema do filme. Na verdade, La Plaine não consegue resistir aos avanços da menina que chamava de filha. Ela se torna sua única amante subsaariana e dá à luz seu filho, um garoto. Amélie morre no parto e é seu filho que conta a história do filme, muitos anos depois dos acontecimentos. Em *Os caprichos de uma conquista*, o que acontece na França é sempre mencionado. Os personagens falam do Iluminismo, da criação da Sociedade dos Amigos dos Negros, da Revolução, da instauração da República. Mas eles estão longe de tudo isso. É numa bolha que a narração acontece. O filme quer curar a branquitude dela mesma, num mundo que ainda se molda ao bel-prazer dela, a partir de um território do qual a França acaba se apropriando. E, para que essa redenção aconteça, as individualidades são salientadas. Gostaríamos que La Plaine fosse apenas La Plaine. Será que isso seria possível? A grande história aconteceu. A forma como definiu e classificou os humanos, também. Então, o fato de algumas pessoas brancas terem sido boas não é a questão. O filme em si, que queria sobretudo falar da beleza das coisas, das possíveis conexões entre pessoas de diversas origens, só pode ser uma obra da branquitude francesa. Os clichês estão todos presentes, assim como as hesitações costumeiras, a referência aos crimes dos outros, a recusa a encarar os próprios erros, a despolitização total de uma história eminentemente política. A fraternidade é mesmo possível no silêncio? Será que conseguimos nos aproximar dos outros, nos deixar tocar por eles, se insistirmos em desempenhar o papel de mocinhos? Porque, nesse filme, são os brancos que demonstram as mais belas qualidades humanas. Os outros estão ali apenas para destacá-las. E isso é o resultado de um trabalho feito com as melhores intenções. Desde então, a França não produziu nenhuma ficção cinematográfica decente com base na história da racialização. Porque é disso que falamos quando retratamos a era das conquistas coloniais.

Não é fácil transformar algo que foi criado e transmitido de geração em geração, tanto como patrimônio quanto como segredo de família — um pouco constrangedor, claro, mas decisivo no que diz respeito ao status político e simbólico. Quanto à raça, à gratificação ou à degradação feita através dela, muito tempo vai passar até que seja sequer possível esvaziá-la de todo significado. Isso não quer dizer que devamos desistir, pelo contrário. Apenas se tivermos consciência da escala e da dificuldade da tarefa poderemos enfrentá-la com seriedade. Para as sociedades ocidentais com pessoas racializadas em situação desfavorável, avançar em direção a um futuro mais saudável não significa querer tornar as cores da pele invisíveis, e sim neutralizar a carga que ainda existe. Isso só é possível se entendermos por que precisamos inventar a raça e o que fizemos com ela. Além disso, implica que trabalhemos para desenvolver definições mais precisas de nós mesmos, levando em conta a forma como fomos afetados pelos outros. A influência colonial nas culturas, experiências, espiritualidades etc. dos colonizados é bem conhecida. E, por décadas, deu origem a todo tipo de produção, discursiva ou não. Nessa conversa que já deveria ter sido renovada, são as palavras do ex-colonizador que estão levando muito tempo para serem expressas.

A Europa Ocidental continua mantendo silêncio sobre a forma como suas identidades foram alteradas por causa do contato com África. Ela ainda se recusa a conhecer e reivindicar sua ascendência subsaariana, a expor o que se alojou nela após o contato com outros povos. Mas, se for mesmo uma história comum, as mudanças que induziu são observáveis em ambos os lados. Não se limitam à presença de corpos diferentes no espaço público. Elas têm a ver com o próprio caráter, a sensibilidade, a visão de mundo. Os afrodescendentes são, no Ocidente pós-colonial, pais que não podem se sentar à mesa nem ser expulsos de casa. Através das práticas sociais e artísticas que criam nas margens em que os países os abrigam, eles revelam cada vez mais a marca da

África no Ocidente, sobretudo na Europa Ocidental. Aceitar essa marca indelével, e até se alegrar com sua presença, já que testemunha uma impregnação pelo outro, é o primeiro ato para destruir a ficção racial. É a melhor coisa que poderia acontecer à branquitude.

FONTES Warnock Pro e Gazzetta
PAPEL offset 75g/m²
IMPRESSÃO Gráfica Reproset, agosto de 2025
1ª edição